相撲君大玩日本風俗禮儀

"OHAGIYAMA"
to manabu
NIPPON no shikitari

瑞昇文化

目次

和OHAGIYAMA一起學日本的風俗禮儀吧！

暖呼呼。

與外國人力士一起坐在暖桌取暖。

外面吹起枯木風。冬日大將軍威風凜凜，

但重箱部屋的客廳有暖桌和蜜柑。

日本的冬天有許多就算再寒冷

也能令人愉快度過的「魔法道具」。

「日本的冬天真好耶！」外國人力士說。

「日本的四季很不錯吧！」OHAGIYAMA說。

不只是四季。還有慶祝每個成長階段的活動、

人與人之間的來往、
隱藏在生活中的婚喪喜慶，
以及OHAGIYAMA正努力學習的相撲。
無論哪一項
似乎都與自古以來的「日本風俗禮儀」有關係。

OHAGIYAMA和真正的相撲力士有一點不同，
不同之處在於他的個性與可愛的樣貌。
雖然OHAGIYAMA所經歷過的「風俗禮儀」
並非「全日本通用的風俗禮儀」，
但想必大家一定很想知道，
他究竟經歷過哪些「風俗禮儀」，
才造就現在受歡迎的OHAGIYAMA。

那麼就趕快來解開謎團吧！

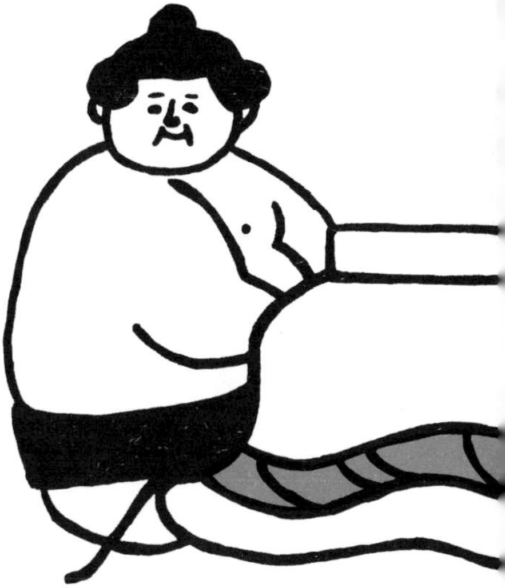

OHAGIYAMA

OHAGIYAMA 的座右銘是「無論是練習和吃火鍋都竭盡全力」。可愛的表情虜獲眾多粉絲的心。越了解就令人越喜愛的 OHAGIYAMA，讓我們一睹他神祕面紗下的真面目吧！

隸屬重箱部屋・小結

隸屬於相撲界名門的「重箱部屋」。現在雖然還是小結等級，但在師傅的的指導下，目標升等為大關力士，每天努力練習。他不只會相撲，還會打掃、洗衣、做菜。愛吃起司米餅。假日會盡情享受喜愛的滑板車運動。最喜歡的家事是洗衣服，所以重箱部屋的毛巾總是非常蓬鬆柔軟。

相撲的等級排名表

相撲界的等級是以每年六次在本場所賽事（由日本相撲協會所舉辦的相撲賽事）決勝的成績為基準，訂定「等級排名」。薪資與食衣住行的待遇也會隨等級而改變。

等級排名
橫　綱
大　關
關　脇
小　結
前　頭
十　兩
幕　下
三段目
序二段
序之口

相撲的等級排名還有不同的稱呼。「關取」指十兩以上的力士。「幕內」是前頭以上力士的階級名稱。另外，大關、關脇、小結併稱為「三役」。前頭還有另一個別名叫做「平幕」。

最喜歡 OHAGIYAMA！

臉

因為每天吃滿滿大量青菜的相撲火鍋，所以皮膚充滿光澤。肉肉的臉頰，展現柔和曲線。

大銀杏髮型

將漆黑的頭髮梳成的大銀杏髮型，髮量濃密。自從中學時決定踏上相撲之路開始，頭髮就一直留到現在，所以頭髮既有分量又有氣勢。

龐大的胃袋

對四季不同的當令蔬菜以及重箱部屋特製的相撲火鍋毫無抵抗力。挑選中元節或歲末禮品等採買，他總是一馬當先。

強健的體魄

與生俱來的資質加上每天鍛鍊，造就引以為傲的穩定體幹。毫無傷痕、膚色白皙的彈潤肌膚，就連美容研究者都為之折服。

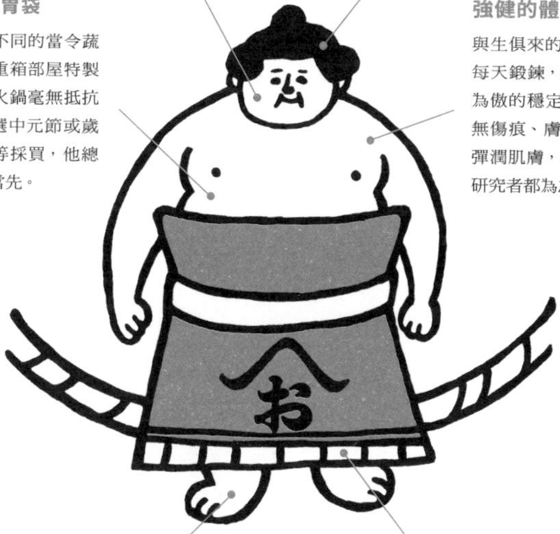

腿（下半身）

大腿的肌肉十分結實。幾乎有纖瘦女性的腰圍這麼粗。因為平常都打赤腳，所以連腳底都非常強健。一點也不怕冷。

裝飾腰帶

在進入土俵等特殊場合時配戴的裝飾腰帶。腰帶上的四股名（相撲力士的名字）由工匠手工刺繡，全世界只有一件，是 OHAGIYAMA 的寶物。

重箱部屋的成員

OHAGIYAMA 隸屬相撲界的名門。以師傅、師娘為中心，OHAGIYAMA 一邊與外國力士、晚輩力士切磋技巧，一邊和大家一起過著同居生活。雖然生活禮儀十分嚴謹，但也因此有了強烈的羈絆。

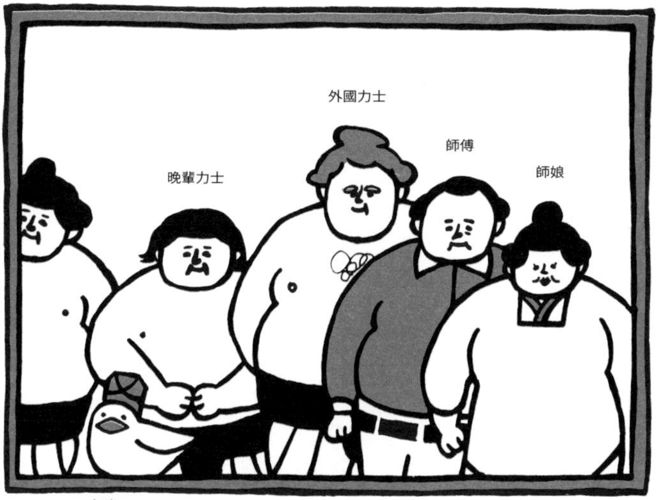

重箱部屋的成員

師娘

與師傅胼手胝足經營重箱部屋，背後默默付出的幕後推手。不僅照顧相撲力士的生活，還負責諮詢、傾聽力士們的煩惱，對待力士就像照顧自己的孩子。

師傅

重箱部屋的最高負責人。除了陪伴力士練習以外，也負責教導身為社會人士應有的舉止與禮儀。過往還是力士時的成績，至今仍然是相撲界的傳說。

外國力士

他是 OHAGIYAMA 的最佳對手。巧妙運用身高的相撲技巧充滿魅力，擅長用「寄倒投」招式。自然捲與胸毛是他的註冊商標，除了相撲之外，也每天學習日語。

晚輩力士

在 OHAGIYAMA 之後拜師入門的力士。頭髮和實力都大幅增長，閃耀的才能獲得師傅的高評價。興趣是和 OHAGIYAMA 一起去唱歌，而且一定要搖鈴鼓。

金時

OHAGIYAMA 擁有的寵物文鳥。最喜歡變裝，收藏各種帽子與假髮。一年當中最喜歡的節慶就是萬聖節。

OHAGIYAMA 居住的小鎮

力士的生活並非只圍繞在相撲部屋與國技館。本文介紹OHAGIYAMA主要出沒的地點。就連常去的神社、百貨公司、卡拉OK都一覽無遺。或許有一天你也會遇見笑容滿面的OHAGIYAMA喔！

老家

OHAGIYAMA的老家。溫柔的個性與充滿力量的體魄就源自於這裡。OHAGIYAMA在雙親滿滿愛意之下成長。

卡拉 OK

在慶祝會的續攤等其他場合中，OHAGIYAMA會與晚輩一起去唱歌。OHAGIYAMA的招牌曲是令人感動的情歌。

國技館

最令OHAGIYAMA閃耀的場所。在這裡不只能看到相撲技巧，還能見識到相撲界特有的禮儀規範。

牡丹餅店

OHAGIYAMA以及重箱部屋成員常去的店家。每項商品都是現做的絕佳美味。

神社

重箱部屋的守護神。OHAGIYAMA也在這裡進行滿月與七五三節的參拜。現在每個月都會來這裡祈求晉級為大關。

飯店

大賽最後一天的千秋樂派對或優勝慶祝會、握手會等，都在這個飯店舉行。師傅與師娘的婚宴也是在此地舉辦。

重箱部屋

重箱部屋。為三層樓的建築物，大家在這裡朝氣蓬勃地度過同居生活。與鄰居之間的交流頻繁。經常出現不知道從哪裡來的貓咪。

百貨公司

在這間百貨公司購買中元節、歲末禮品，贈送給平日惠予關照的人。地下樓層的高級食材有時也會出現在相撲火鍋裡。師傅的婚戒也是在這裡購買的。

探訪重箱部屋

佇立在國技館附近的重箱部屋是小鎮上的地標。練習結束之後，許多重量級的力士會在此進出，就如同「重箱」這個名稱所示，箱子裡有很多重量級的人。那我們就來看看裡面究竟是什麼樣子吧！

重箱部屋是什麼樣的地方呢？

三樓

師傅與師娘結婚之後就一直在這裡生活。上下樓梯也是很好的體能訓練。

二樓

相撲力士與行司（裁判）、呼出（司儀）及床山（整髮師）的房間。除了練習以外的時間，這裡充斥著用鼻子哼歌、聊天、打呼等聲音，十分熱鬧。

一樓

很多人會在看板前拍照留念。裡面傳來練習時身體衝撞的聲音。

地點與配置

相撲部屋分佈東京與周邊的縣市。有獨棟建築、大樓、公寓的一隅等各種型態。重箱部屋是三層樓的建築物，二樓住著相撲力士與行司（裁判）、呼出（司儀）、床山（整髮師），三樓則是師傅與師娘的生活空間。

住戶

除了相撲力士以外，還有師傅、師娘、行司（判定動作勝負的裁判）、呼出（負責賽事進行與整理土俵的司儀）、床山（負責相撲力士髮型的整髮師）大家一起生活。有一些部屋並沒有專屬的行司、呼出、床山。

重箱部屋的格局

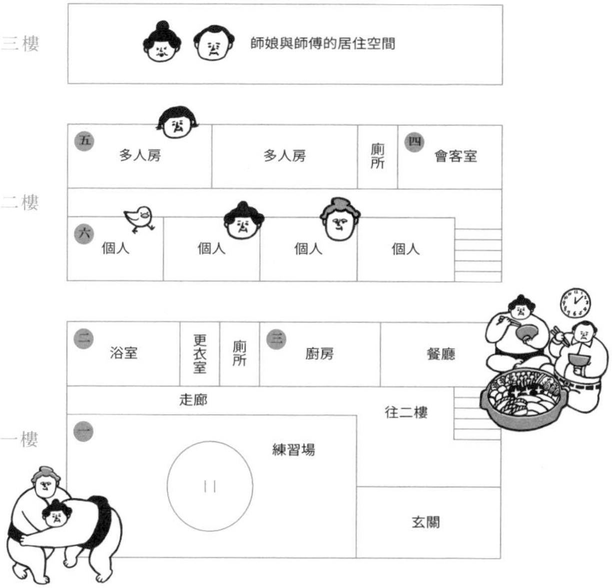

一 練習場

進入玄關之後馬上就會看到土俵。OHAGIYAMA等相撲力士每天從早上開始就在這裡練習。練習場裡供奉著神龕。

二 浴室・廁所

練習結束後就要洗個澡。因為是共用浴室，所以要從等級高的力士先入浴。OHAGIYAMA剛入門的時候，曾經幫前輩刷背呢！

三 廚房・餐廳

用餐時間也是大家一起吃飯。輪值的力士一大早就開始忙著做相撲火鍋。「OHAGIYAMA食譜」的相撲火鍋也是從這裡誕生的喔！

四 會客室

贊助人（贊助相撲部屋或力士的人）到訪時，會安排在此會客。師娘經常在這裡招待客人。

五 多人房

OHAGIYAMA的晚輩等幕下力士必須在榻榻米上舖棉被，很多人共用一個房間睡覺。在這裡可以一起聊天度過愉快的時光。

六 個人房

從十兩以上的等級開始就會給予個人房。這裡不會聽到外國力士的打呼聲，所以能舒適入眠，但是OHAGIYAMA也因為一個人而感到有點孤單。

本場所的土俵

本場所的場地設有研磨缽形狀的觀眾席，其底部就是土俵。
不可思議的是，這個土俵根據不同地點，每次都會重新打造。
就讓我們來一窺OHAGIYAMA的華麗舞台吧！

華麗的舞台 本場所的場地內部

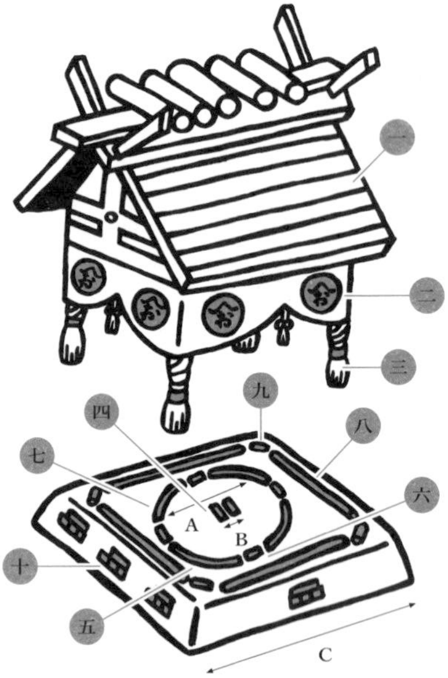

一 **屋型**／從天花板上垂吊下來。稱為神明造的傳統建築。

二 **水引幕**／紫色的幕簾上印有日本相撲協會的紋樣（櫻花）。（上圖僅為示意圖。）以前會把水引幕捲在四根柱子上的屋頂。

三 **流蘇**／位於四個方位的綠（春・青龍）、紅（夏・朱雀）、白（秋・白虎）、黑（冬・玄武）四色流蘇，代表四季與守護神

四 **分隔線**／舖在土俵中央的兩條線。一九二八年引進，歷史還很短。

五 **勝負俵**／除了德俵以外的十六個俵（裝著土的袋子。）排列成圓形。

六 **德俵**／在勝負俵的東西南北方向各放一個。據說起源於尚在室外進行賽事時，為了排除雨水而設置的切口。

七 **蛇目**／舖在勝負俵外側的砂石。用於確認力士的足跡、判定勝敗。練習場地中並不會舖設蛇目。

八 **角俵**／在土俵四周的邊緣配置二十八個角俵。

九 **上俵**／在土俵的四個角落分別配置一個上俵。

十 **踏俵**／登上土俵時，可當作勾住腳的踏板。A.在4.55公尺的範圍內進行比賽。 B.分隔線的間隔為70公分。 C.土俵的尺寸為6~7公尺。

土俵的周圍有哪些人？

行司（裁判）

負責賽事進行、對獲勝的力士舉起軍配扇（判定勝負）的角色。隸屬相撲部屋，也有等級之分。在土俵以外還有書寫等級表等工作。

呼出（司儀）

賽前會登上土俵，喊出對戰力士的四股名。東西向各配置一名，在土俵下負責準備鹽以及告知限制時間等工作。

裁判委員

由各相撲部屋的師傅所組成，一天的賽事當中會交替好幾次。除了判定勝負也負責裁定賞罰。

準備出場的力士

第二場以後出場的力士在土俵下等待。在前一場賽事中落敗的一方將直接退場，由準備出場的力士傳遞力水（P.64）給土俵上的力士。

裁判長

包含裁判長在內，裁判團共有五人。裁判長坐在正面，有意見（對行司的判定有異議）時必須互相協調並透過廣播告知結果。

一 篇

「誕生與成長的風俗禮儀」

OHAGIYAMA誕生

在七夜禮時命名
要當個健健康康的男孩喔

哇——哇——。某月某日，某時某分，誕生了一個重○公斤的活潑男嬰。母子都很健康。父母一定滿心期待這一天到來吧！兩人心裡早就已經決定好孩子的名字了。接下來要準備七夜禮。邀請眾親戚，讓誕生七天的孩子在大家面前露臉。「おはぎやま（OHAGIYAMA）」謹慎地寫下每個字，裝飾在神龕上。參加七夜禮的親戚，大家一起拍著手，用紅豆飯和鯛魚大肆慶祝一番。

產前的儀式

〈帶祝儀式〉

時間點： 懷孕第五個月的戌日／天干地支當中戌代表狗，被視為安產的守護神。若孕婦的健康狀況不佳，亦可在戌日以外的時間進行。

儀式一： 捲岩田帶※／將布對半摺疊成為腰帶，以支撐孕肚的方式纏上摺好的腰帶。岩田帶據說是由結肌帶變化而來。

儀式二： 纏上腰帶後前往參拜氏神（同一地區的守護神）或祈禱安產的神社。

※即臺灣的束腹帶或托腰帶。日式則由純綿紗布製成。

產後的儀式

〈七夜禮〉

時間點： 生產之後第七天。

儀　式： 在自家裝飾命名書，邀請祖父母與親戚一起來探望新生兒。慶祝新生兒誕生，大家一起享用紅豆飯與帶頭尾的鯛魚等美食。

命　名： 將命名書放在三方台※上後，再移至神龕才是正式做法。簡略的做法是放在門框或新生兒枕邊的牆上，或者貼在房間最顯眼又乾淨的地方也可以。

※日本神道，用來盛放獻禮的木製方形台。

七夜禮要製作命名書
貼在神龕或門框上

這裡不一樣！ NIPPON 的風俗禮儀

西班牙有可能會出現與雙親或祖父母同名的情況 YO。不過他們因為夫婦不同姓，而且名字裡還會有雙親的姓氏，所以全名不會重複。譬如父親的姓氏 + 名字 + 母親的姓氏之類的。

笑容滿面的滿月參拜

經過氏神認可
正式成為社會的一分子

一天天成長的OHAGIYAMA，在出生後三十一天的早上，與雙親、祖父母一起前往附近的神社。身上穿著母親娘家贈送的慶祝禮服，那是羽二重織品製作並帶有家紋禮服，由祖母抱著OHAGIYAMA開始參拜。官司（神職人員）念誦祝賀詞之後，就表示獲得地主神認同，正式成為社會的一分子。此時要以OHAGIYAMA的名義對收到生產賀禮的人回禮。禮品決定用兩人都很喜歡的「牡丹餅」。可以想像大家會露出開心的表情呢！

滿月參拜的禮儀

時間點： 出生後三十天左右（男孩三十一日、女孩三十二日）

地　點： 出生地的地主神社

抱新生兒的人： 父親那一邊的祖母

慶祝的禮儀

〈慶祝生產〉

時間點： 出生後七天～一個月

禮　金： 親戚……一～三萬日圓
朋友、工作上的相關人員……五千日圓

禮　品： 嬰兒服、毛巾、娃娃、尿布等

〈回禮〉

時間點： 生產後一個月左右

金　額： 慶祝生產時的三分之一～二分之一

禮　品： 毛巾、食品、和出生時體重相同的稻米等

由父親那一邊的祖母抱著新生兒
穿上禮服向地主神通報誕生

這裡不一樣！ NIPPON 的風俗禮儀

英國慶祝生產，好像是為了讓孩子將來不愁吃穿而贈送「銀湯匙」YO。
而日本則是直接送禮金，可以買喜歡的東西，所以 GOOD ！

初食禮

假裝吃下慶祝餐
保佑新生兒一輩子不愁吃

「來，飯菜做好了喔！」今天是出生後百日，要進行初食禮。米飯、湯品、烤魚等食物，漂漂亮亮地擺在漆上紅色的膳桌上，新生兒由祖父母抱著，坐在桌前。OHAGIYAMA第一次看到牛奶以外的食物，所以非常感興趣。祖父母用祝箸把食物夾到他的嘴邊，每樣都在牙齒上沾一下，讓OHAGIYAMA假裝吃飯。據說，如此一來就能一輩子不愁吃了。其實當時OHAGIYAMA很想趕快吃到烤魚呢！

初食禮的餐點

初食禮的用意是要讓新生兒一輩子不愁吃，所以刻意讓新生兒假裝吃飯。

時間點：出生後百日左右

〈 **慶祝餐** 〉

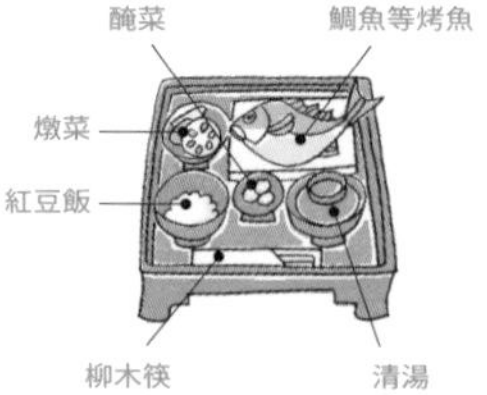

米飯	以紅豆飯為主流。紅色有驅邪的意義。用白飯也沒關係。
燉菜或醋漬菜	用芋頭製作，祈求多子多孫。
湯品	使用蝦子以祈求長壽。
醃菜	為祈求長壽而加入梅干是主流做法。
烤全魚	味道好、喜氣的紅色、象徵長壽、營養價值高等理由，鯛魚廣受歡迎。
壯齒石	為了祈求牙齒強健，有些人會在醃菜的器皿裡放入小石子。

出生後百日左右，以祝賀餐為新生兒祈願
使用紅色漆器盛裝全魚

這裡不一樣！ NIPPON 的風俗禮儀

韓國也像日本一樣，在出生後百日左右舉辦名為「PEGIRU」的慶祝會。情侶交往一百天的紀念日也稱為「PEGIRU」。What's the difference ？

第一次過生日
用麻糬祈禱孩子的健康與活力

生日快樂

嘿咻、嘿咻。OHAGIYAMA已經可以扶著東西走路了，父親讓他背上一大塊麻糬呢！肩膀越來越重了。OHAGIYAMA背著重達一升（1.4Kg）的麻糬走路，表示他接下來一生都不愁吃。途中，父親故意讓OHAGIYAMA跌倒。這並非惡作劇，而是為了趕走舊的魂魄，以便讓新的魂魄進來。「一歲生日快樂！」

第一次過生日的慶祝方式

時間點： 滿一歲的生日前後

儀式一： 背著重一升的麻糬
踩在一升的麻糬上
用麻糬丟向新生兒

為了祈求新生兒「一生（一升）不愁吃」、「變得健康有活力」因此準備了用一升的米製作的麻糬。如果是要踩麻糬，就必須事先穿上草鞋，除此之外還有背麻糬、用麻糬丟新生兒等，根據地區不同有各種做法。無論是哪一種都必須注意，不要因此造成新生兒的負擔。

儀式二： 占卜新生兒的未來

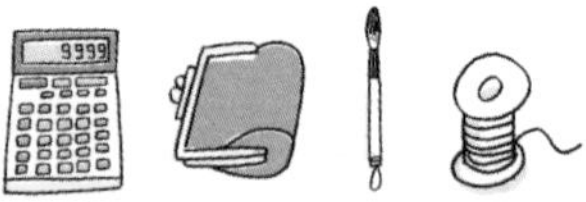

把這些物品擺放在新生兒面前，用新生兒抓到的物品來占卜未來的職業，有些地區也會舉辦這種「抓週」儀式。物品有計算機、錢包、毛筆、字典、尺、線等種類。如果拿到計算機，就表示將來會變成商人或者從事財務的工作，令人聯想到未來的職業。也有人會選擇放雙親喜歡的東西。

就算背著一升的麻糬也很輕鬆
不過，聽說要跌倒比較好喔！

這裡不一樣！ NIPPON 的風俗禮儀

源自於美國與英國的 1/2 生日，是為了讓出生在暑假這類長假的孩子，可以在半年前或半年後的平日慶生 YO！

第一次過節就打勝仗!?

五月五日端午節
祈求男孩健康成長

「預備——開始！」OHAGIYAMA最喜歡的遊戲就是相撲。因為今天是端午節，所以扮成金太郎，熊娃娃則是戰場上的對手。無論比賽多少次，最後都一定是OHAGIYAMA獲勝。大戰的最後一招也將對手推出場外，由OHAGIYAMA大獲全勝。在武士人偶前供奉柏餅，房間裡的氣氛和平常不一樣呢！飄盪在晴朗空中的鯉魚旗，正默默守護著這場對決呢！

過節時的家中擺飾

〈端午節〉

一：鎧甲／有在展示台上放置屏風與太鼓等裝飾品的「階梯形裝飾」，也有無展示台的「平面裝飾」。

二：武士人偶／金太郎、桃太郎、牛若丸等不同題材的武士人偶。

三：鯉魚旗／昔武士以外的人家，普遍會裝飾有家紋的旗幟，衍生出鯉魚旗。

〈女兒節〉

一：人偶／除了七層階梯形裝飾以外，還有模仿天皇、皇后的人偶，稱為「親王裝飾」。

二：犬形盒、犬形偶像／將狗作為守護神象徵的擺飾。祈求健康、未來順利生產。

三：掛飾／模仿羽子板、蔬菜、花朵等吉祥物製作的布織品裝飾。

向武士人偶與鯉魚旗
祈求百戰百勝的強韌與健康

這裡不一樣！ NIPPON 的風俗禮儀

五月五日端午節在日本是假日。但是三月三日的女兒節卻不是假日。Why？順帶一提，「國際兒童日」是在六月一日喔！

七五三節要吃千歲飴

十一月十五日的參拜
穿著正式禮服表示從嬰幼兒成長為兒童

暖呼呼。秋日陽光真舒爽，今天是十一月十五日，OHAGIYAMA的七五三節喔！他穿著華麗的羽織禮服到神社參拜、驅除厄運。雖然，還穿不慣足袋與草屐，但那根本不算什麼。從OHAGIYAMA勇敢前進的樣子，就可以看見他光明的未來。穿過鳥居、搖響鈴噹，雙手合十、閉上雙眼虔心許願：「希望回家之後有美味的零食可以吃！」在神職人員念誦祝詞後，OHAGIYAMA拿到千歲飴，他大吃一驚地心想：「願望實現了！」

七五三節不同年齡的禮儀

〈 三歲 〉

是男孩、女孩都會慶祝的日子。又稱作「置髮禮」，以前這個時期剛好是剃掉的頭髮正要長出來的時候。女孩會在和服外披上被布（無袖的上衣）。

〈 五歲 〉

又稱作「著袴禮」，為慶祝男孩從嬰幼兒長成兒童。這天是男孩第一次穿著羽織禮服的日子。帶著短刀與扇子，完整保留武家時代的慶祝儀式。

〈 七歲 〉

又稱作「解帶禮」。這天會穿著振袖和服，纏上正式的腰帶，是女孩專屬的節日。梳好頭髮、加上飾品，在和服的胸口處放入筥迫（小收納盒）。

穿著華麗的正式禮服參拜地主神
拿到千歲飴真開心！

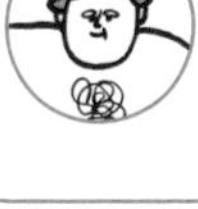

這裡不一樣！ NIPPON 的風俗禮儀

在西班牙有「Primera Komunion」這種為九～十歲兒童受洗的儀式 YO！在日本從三歲就開始慶祝，Wonderful！

用入學禮金打扮得閃亮亮

入園・畢業・入學・畢業典禮
大家一起慶祝人生的每個關鍵時刻

花瓣飄搖。今天是櫻花飄落的晴朗日子，OHAGIYAMA要成為小學一年級的學生了。背著爺爺、奶奶買的亮晶晶書包去參加入學典禮！第一次上學、第一次穿室內鞋、第一次去教室、第一次見到老師。每一件事都閃閃發光。在典禮結束後，OHAGIYAMA再次向爺爺、奶奶道謝。「我的目標是交到一百個朋友！」OHAGIYAMA這麼說著，大家聽了都很開心呢！

入學禮金的內容與道謝

〈入學禮金的基準（對象是親戚時）〉

幼稚園、托兒所	一萬日圓
小學	一萬日圓
中學	一萬～一萬五千日圓
高中	一萬五千～二萬日圓
大學	二萬日圓

禮金要裝在禮金袋中。正面寫上「祝賀」、「祝賀入園」、「祝賀入學」等字樣。禮金袋外的水引線需選擇紅白色並打上蝴蝶結。

〈比起入園或畢業典禮，應以入學為優先〉

幼稚園或學校畢業的時期剛好與入學時間重疊，因此如果時間上有衝突，須以入學優先。無論如何都想送畢業禮金的話，除了現金之外，也可以致贈圖書禮券或圖鑑等有益於增長知識的物品。

〈 不需要回禮，但孩子必須向對方道謝 〉

因為是贈送給未成年的孩子或學生，所以不需要回禮，但是須打電話或寫信致謝。讓孩子親自道謝是不成文的規定。如果能告訴對方自己未來的目標，想必送禮的人也會很高興。

背著慶祝入學收到的書包參加入學典禮
不要忘記打電話或寫信向對方道謝喔！

這裡不一樣！ NIPPON 的風俗禮儀

國外沒有慶祝入學的習慣，收現金的行為還真是令人覺得奇怪呢！以小孩的零用錢來看，這個金額也太多了吧！

在立志式上宣示自己的抱負

在中學學校的典禮上宣示對未來的抱負

萬歲！中學相撲的全國大會決賽上，OHAGIYAMA將對手推出土俵，獲得優勝。在中學二年級時就已經所向無敵。師傅也來視察比賽狀況，準備要出手延攬這位少見的人才。在接下來的立志式上，OHAGIYAMA代表學生致詞。他宣示：「我要成為一位廣受大眾喜愛的相撲力士！」接著，他還寫下感謝雙親的信函。這封信將會是父母一生珍藏的寶物。

奈良時代以後的成人儀式

年齡：十一～十六歲

服裝：換成大人用的服飾

髮型：頭戴冠
戴烏紗高帽
剃瀏海

為了表示男子已經成人的儀式，稱為「元服」，慶祝新成人的誕生。無論什麼時代，服裝都會在這個時間點，換成大人用的服飾，但年齡與髮型則因時代與身分不同而有所改變。江戶時代以後，女子也會進行「元服」儀式。

明治時期～現代的成人儀式

年齡：二十歲

服裝：女性…振袖和服
男性…紋付禮服

禮儀：參加各個自治體主辦的典禮
參加在出生地或居住地所舉辦的典禮。最近很多人會穿西裝參加。

〈 立志式上的活動 〉

大多都是以學校活動的方式舉辦。發表書寫自我抱負的作文或者舉辦志工活動、寫信給父母等，內容五花八門。

在中學相撲的全國大會上獲得優勝
從此決心要成為相撲力士！

這裡不一樣！ NIPPON 的風俗禮儀

很多國家都認定十八歲以上就是成人 YO。成人儀式根據國家和民族有所不同。非洲馬賽人的成人儀式據說要獵獅子。Oh，Noooooo ！！

外國人力士
挑戰
風俗禮儀 ①
CHALLENGE to NIPPON no Shikitari!
禮金
朋友的孩子要上小學了。
必須準備要致贈給對方
的禮金……
COLUMN 1
1000

shikitari advice

金時的
金玉良言

不只入學禮金，只要是禮金，禮貌上必須準備乾淨的鈔票或新鈔。致贈有髒汙、皺褶的禮金是一件很失禮的事情。相反地，奠儀等喪事用的禮金，使用乾淨的鈔票則是NG行為。因為這會給人已經預想好會發生不幸，提前準備好鈔票的印象。然而，太髒或太皺也很失禮，必須多加注意。

HOW TO GIFT MONEY

MATOME！

禮金要使用乾淨的鈔票喔！

二

「問候與用餐的風俗禮儀」

篇

鞠躬敬禮後正式拜師入門

向師傅行大禮
「今後請多多指教！」

在陽光燦爛、風和日麗的一天裡，OHAGIYAMA終於要進入憧憬已久的相撲部屋。母親說：「要注意身體健康！」父親說：「要好好聽師傅的話啊！」OHAGIYAMA認真聽著雙親的話，點點頭，接下來將要開始新生活。抵達名門・重箱部屋之後，師傅馬上出來迎接：「終於來了啊！」今後將會一輩子受到「第二個父親」的照顧。OHAGIYAMA對師傅行了一個最深、最用心的鞠躬大禮。「今後請多多指教！」

行禮的種類與方式

打招呼通常都會配合行禮。站著的時候有站禮，坐著的時候有座禮，各自都有應對各種情形的做法。座禮的部分本文以女性的行禮方式為例說明。

〈 站禮 〉

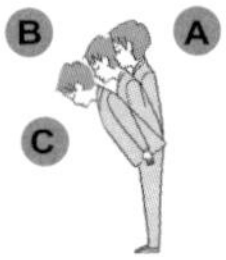

A．輕度行禮／與同事擦身而過時的行禮。上半身從腰部向前傾十五度。

B．敬禮／對長輩或拜訪他人・接待客人時使用的一般行禮。身體往前傾三十度。

C．大敬禮／感謝、賠罪等向對方表示敬意的禮貌式行禮。身體往前傾四十五度。

〈 座禮 〉 ※ 以女性為例

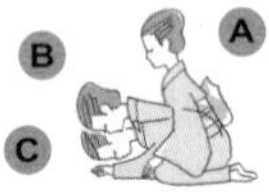

A．淺禮／雙手併攏於膝前行禮。身體向前傾三十度。

B．普通禮／雙手從大腿、膝蓋、地板依序向前移動，額頭距離地面三十公分。

C．大敬禮／身體向前傾至雙手距離膝蓋七公分、額頭距離地板五公分。

師傅將成為第二個父親
必須用心鞠躬敬禮才能入門！

這裡不一樣！ NIPPON 的風俗禮儀

在歐美也有輕度行禮。But 只有日本人才會把視線移開。第一次看到日本人對於初次見面的人也毫不警戒、移開視線的時候，真是在心裡驚嘆：Wow ！

對著神龕二拜二拍手一拜

祈求今日練習平安
供奉米、鹽、清水

啪、啪。練習場上響起拍手聲。早上起床先用冷水洗臉，綁好腰帶，在神龕上供奉米、鹽、清水，練習前依照二拜二拍手一拜的順序向神明致意，這是重箱部屋的規矩。祈求今天的練習平安順利，虔心拍手敬禮，精神自然就會為之一振。在神明的守護下練習技巧，今天一定也能獲得豐碩的成果。

參拜方法

一. 稍微整理一下服裝

二. 站在神龕前，輕輕低頭

三. 深深鞠躬二次（二拜）

四. 拍手二次（二拍手）

五. 深深一鞠躬（一拜）

六. 輕輕低頭向後退一步

一般家庭是所有家人早晚一起參拜。拍手時要張開雙手，緩緩拍合。抱著感謝的心情，向神明祈求守護家中平安等願望。

供奉在神龕的物品

神牌	中間是伊勢神宮的神宮大麻、右邊是地主氏神、左邊是信仰的神社神牌。
神鏡	透過放在神龕門正面的神鏡，向神明打招呼。
米・鹽・水	每天都要換新。

練習前必須完成儀式
每天都要更換供品！

這裡不一樣！ NIPPON 的風俗禮儀

在美國會叩叩地敲兩次桌子等木製品，這是稱為「Knock on wood」的除魔咒語 YO。很像對著神龕拍兩次手的儀式呢！

練習、練習、再練習！

相撲蹲再加上衝撞訓練……早餐前的猛烈特訓

啪、咚！在空氣澄澈的練習場裡，充滿肌肉的身體互相碰撞因而發出聲響。OHAGIYAMA正在做「三番練習」。練習對象是外國力士，互相推來推去、摔來摔去……「集中精神！」師傅的話傳入耳中，讓OHAGIYAMA更加能夠發揮力量。外國力士已經站不起來，三番練習終於結束。接著還有衝撞練習、相撲蹲練習，時鐘這時還顯示為上午呢！「肚子好餓啊～」

練習的順序與練習的種類

一．準備運動、相撲蹲
二．開腿、摩擦步練習
三．推擠練習
四．賽事練習（指名、三番、衝撞）
五．相撲蹲、冥想

〈 三番練習 〉

與相同對手一起練習數次。三番不代表三次，而是很多次的意思。大多是由力量能夠抗衡的力士一起練習。因為會練習好幾次，所以能鍛鍊力量與體力。

〈 指名練習 〉

淘汰賽的練習方式。獲勝的力士可以指名下一位對手。眾多力士圍在土俵外，看著練習的狀況，勝負揭曉時，大家都會擠到獲勝的力士身邊，希望能成為下一個對手。

〈 衝撞練習 〉

分為攻方與守方。攻方從正面強力衝撞並推擠守方。這個動作會重複多次。大部分都是在賽事練習的最後進行，也是公認最辛苦的鍛鍊。

「三番練習」超辛苦

每次都要竭盡全力啊！

這裡不一樣！ NIPPON 的風俗禮儀

美國的職業體育運動整體練習時間超短的 YO！每天早上長時間的練習，對我來說 It's hard！！完全敗給 OHAGIYAMA 的專注力。

由「相撲火鍋值日生」負責飲食
白飯要用飯勺堆成小山才行

用飯勺盛飯

米飯充滿光澤又蓬鬆！今天的「相撲火鍋值日生」是OHAGIYAMA。剛煮好的米飯要分裝給所有人。用飯勺把電鍋裡的米飯翻鬆，手持飯碗準備盛裝。飯勺再度過水，分數次盛裝米飯至八分滿。盛飯時中間要堆得像小山一樣，OHAGIYAMA早就已經熟悉做法了。米飯上飄出的白色蒸氣，是幸福的暖意。美味的餐點一定會成為上午嚴苛訓練後的最佳獎勵！

盛飯的方法

一. 翻攪米飯

從電鍋底部把米飯翻上來攪拌均勻，讓空氣進入米粒之間。

二. 盛飯要分兩次以上

飯勺過水，分數次把米飯盛到五～六分滿。

三. 盛到八分滿

稍微將飯勺立起來，把米飯盛到八分滿。

四. 修整外觀

不要擠壓米飯，用慢慢堆積的方式塑成中間隆起的樣子。

吃飯的方法

手拿飯碗，從前面往後挖，一口一口慢慢吃。把配菜放在米飯上是NG的行為。

只吃一碗飯會讓人聯想到喪禮的一膳飯，所以再來一碗是不成文的禮儀。要再添飯時必須在碗裡留下一口飯。另外，相撲部屋當天的飲食都是由「相撲火鍋值日生」料理。而值日生由幕下階級以下的力士擔任。

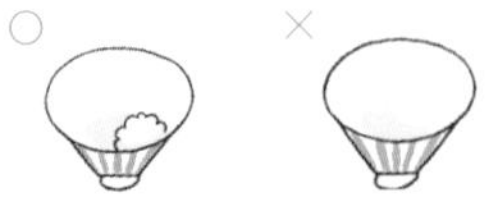

留一口飯　　空碗

翻攪一下讓米飯蓬鬆
分成數次盛飯到八分滿

這裡不一樣！NIPPON 的風俗禮儀

據說中國的習俗是要讓客人吃到飽。所以，必須留下一點飯菜表示「多謝招待！」才有禮貌 YO！好浪費喔！

三菜一湯的配置

擺放菜餚也是誠心款待的過程
上桌時白飯在左、湯品在右

OHAGIYAMA準備餐點手腳俐落、動作迅速。分別盛裝好配菜之後，便開始迅速將菜餚擺上餐桌。剛煮好的米飯放在左邊，裝有相撲火鍋的容器放在右邊，搭配蘿蔔泥的肥美秋刀魚放在右上方，燉煮芋頭放在左上方。最後在最前面擺好一組筷架與筷子就完成了。主菜是當季的秋刀魚。在庭院用火爐炭烤的秋刀魚，是大家最喜歡吃的佳餚。象徵吉祥意義的美食，讓大家臉上都充滿喜悅。

擺放三菜一湯

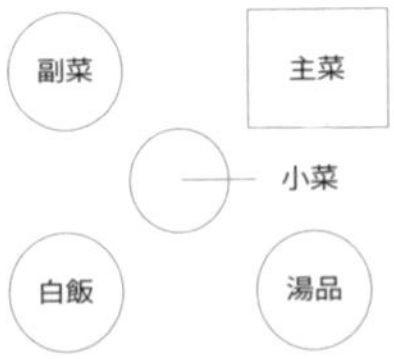

主　菜：因為吃的時候不需要把容器拿起來，所以放在右上方。魚頭朝左側擺放。

副　菜：主菜之後的菜餚（燉煮或涼拌菜等）放在左前方。

小　菜：醃菜等配飯用的小菜，放在主菜與副菜之間。

配膳的順序

從武家禮儀衍生出來的儀式性日本料理，稱為「本膳料理」。三菜一湯是基本配置。從用餐的人這一側看過去，先在左前方擺放米飯、右手邊擺放湯品。之後，三菜依照左圖排列。

〈 懷石料理與會席料理 〉

雖然日文發音相同，但其實內容完全不一樣。懷石料理是參加茶席，在端出濃茶之前品嚐的輕食。正式稱謂為茶懷石料理。會席料理則是簡化重視形式與禮儀的本膳料理，通常在日本高級料亭或婚宴上出現。

將三菜一湯擺放在固定的位置
筷尖與魚頭要朝左邊

這裡不一樣！ NIPPON 的風俗禮儀

套餐式的法國料理中，上主菜前會先出湯品。先喝完味噌湯再吃烤魚，對日本人來說簡直 Impossible !?

力量之源——相撲火鍋

聚集在大鍋旁 從等級高的力士開始享用火鍋

「開動了！」期待已久的用餐時間到了。經過一番嚴苛的練習，餓得扁扁的肚子將會被濃醇的溫和湯底填滿。雖說都是「相撲火鍋」，但食譜可是五花八門哩。「OHAGIYAMA特製食譜」的特徵在於油豆腐。將當天早上從豆腐店買回來的油豆腐，大量加入火鍋裡。大家盤腿坐在大火鍋的旁邊，呼——呼——呼——吹涼火鍋料。大家都吃得一碗接一碗呢！

CHYANKO的慣例

說起「CHYANKO」（ちゃんこ）大家都會很容易聯想到火鍋，但只要是由相撲部屋提供的料理其實都叫做「CHYANKO」。由等級低的力士負責料理與配置，隸屬相撲部屋的所有人都吃相同的食物。吃完白天的相撲料理之後，通常都會接著午睡。

時間：白天的相撲料理……中午
晚上的相撲料理……傍晚
順序：從師傅．等級高的力士開始
種類：日式西式摻半料理五花八門。以前因為豬有「雙手雙腳跪在地上爬」（＝輸家）的寓意，所以相撲界曾經忌諱吃豬肉。

相撲火鍋之「OHAGIYAMA特製食譜」

〈材料〉

洋蔥、牛蒡、
白蘿蔔、高麗菜、
紅蘿蔔、菇類、
菠菜、蒟蒻、
油豆腐、豬里肌

〈作法〉

一. 將所有材料切成方便食用的大小
二. 將油豆腐過熱水，豬里肌燙熟備用
三. 用昆布煮高湯，加入味噌
四. 加入日本酒、味醂、醬油調味
五. 先從不容易熟的材料開始燉煮，就完成料理了

大家一起享用相撲部屋的原創火鍋

吃好又吃飽！！

這裡不一樣！ NIPPON 的風俗禮儀

說到鍋類料理，瑞士的起司鍋也很有名。不過，要是麵包掉進鍋子裡「就要請大家吃飯」，這種懲罰遊戲真是……Oh My God ！！

筷子也要拿得漂亮

筷子只能用前端的三公分
用筷子把食物塞進嘴巴就 NG

「OHAGIYAMA特製火鍋」廣受歡迎。其中芋頭非常地入味，尤其獲得好評。OHAGIYAMA好奇地說：「哪個哪個？」然後馬上拿起筷子要將芋頭送入口中，不料卻在途中滾落。因為黏性使得芋頭從筷子上掉了下來。這次OHAGIYAMA用筷子刺起芋頭，不料卻引來師娘斥責：「怎麼能用筷子刺穿食物。筷子能碰到食物的地方，只有前端的三公分。身為相撲力士，包含使用筷子在內的所有行為舉止都必須端正才行啊！」我、我會注意的！

筷子的拿取與使用方法

正確使用筷子不只外觀好看，也比較容易夾取食物。一連串的動作都是從拿取筷子開始。另外，還要注意不能用筷子穿刺食物或把食物塞進嘴裡。

一.

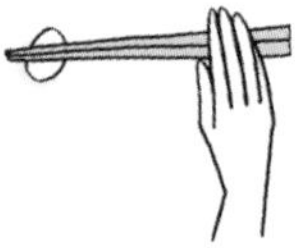

用右手從右側拿起筷子。此時，除了大拇指以外的手指必須併攏。

二.

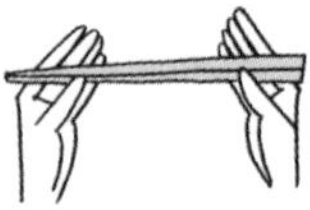

左手撐住筷尖的下方。接著將右手移往筷頭，將手往下翻，拿好筷子。

三.

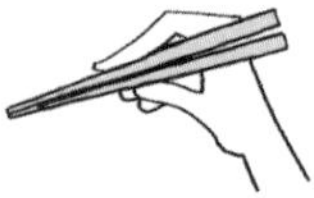

左手離開，右手中指貼在筷子中間。只有筷子前端三公分能挾取料理。

筷子本身就很美！
對美食要微笑以對、心懷感恩

這裡不一樣！ NIPPON 的風俗禮儀

中國與韓國也都用筷子 YO。雖然材質與長度不太一樣，但我還是最喜歡日本的筷子！順帶一提，也可以用手直接拿來吃的壽司是 My Boom ！

外國人力士
挑戰
風俗禮儀②
CHALLENGE to NIPPON no Shikitari!
筷子
今天的相撲料理是漢堡排！
但是要像吃日本料理一樣
用筷子……
COLUMN 2

shikitari advice

金時的金玉良言

有一些違反禮儀的筷子使用方法，在日文中稱為「嫌箸」。譬如料理必須用筷子挾來吃，所以不能穿刺食物（刺箸）。另外，用筷子將食物塞進嘴巴深處也是很沒規矩的行為（推箸），食物必須用筷子分成小塊享用。除此之外，用筷子移動餐具（寄箸）、翻弄菜餚（探箸）、把筷子架在容器上（渡箸）都是NG行為喔！

HOW TO USE CHOPSTICKS

MATOME!

用筷子將食物分成小塊，一口一口品嚐！

三

「相撲的風俗禮儀」篇

勒緊腰帶、充滿幹勁

正式比賽要穿上絲製腰帶
絕對不能「不淨而敗」

轉啊！轉啊！兩人一組勒緊腰帶。今天OHAGIYAMA和金時同一組。腰帶的顏色是OHAGIYAMA最喜歡的紅豆色。這組腰帶是穿起來觸感絕佳的高級絲製品。縱向折成四折，繞身體四圈。為了不讓對手輕易抓住腰帶，必須邊沾水讓腰帶變硬再纏繞。如果腰帶鬆脫，就是「不淨而敗」。因此，為了讓腰帶在奮戰中也不鬆脫，金時使出全力勒緊腰帶。

兜襠＆練習腰帶

顏色（練習）： 幕下以下…黑色，十兩以上…白色
顏色（兜襠）： 黑色或茄藍色（只限十兩以上）
尺寸大小： 寬……八十公分
長……八～十公尺

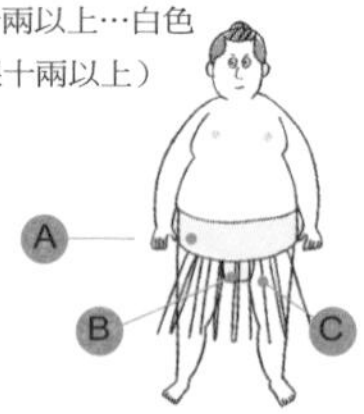

A. 前褌・橫褌
纏繞在身上的部分，前面稱為前褌。除此之外都稱為橫褌。

B. 前袋・立褌
鼠蹊部的位置稱為前袋，臀部稱為立褌。

C. 垂飾
腰帶前方的裝飾。

※若在比賽途中腰帶的前袋鬆脫，露出重要部位，就會因為違反規則而判定落敗。這就稱為「不淨而敗」。

裝飾腰帶

十兩以上的力士進入土俵時可以穿著這種腰帶。設計上沒有任何規定，大多是以出身地的知名地點或特產、母校的校徽為主題製作。

勒緊絲製腰帶
就是力士的正式「腰帶」

這裡不一樣！ NIPPON 的風俗禮儀

蒙古相撲不纏腰帶，而是穿著像褲子的制服。我剛開始穿著露出臀部的腰帶時，覺得好害羞 YO！

由床山梳理大銀杏髮型

大銀杏髮型是十兩以上的榮耀 閃耀出小結力士的氣勢

「好，完成了！」十兩以上力士才能梳的大銀杏髮型已經完成了。這是擁有三十年梳頭經歷的床山才能展現的專業技巧。無論從前面還是側面看，弧度都非常滑順。不管看幾次都如此令人著迷。從今天開始，就要在本場所比賽，不久後就要進入土俵了。漂亮的髮髻就是床山為力士加油的表現。比賽途中髮髻一定會變得凌亂不堪，但它會帶來勇氣，讓人毫無恐懼面對比自己強勁的對手。

十兩以上力士的打扮

大銀杏
前端像銀杏葉一樣展開，是特殊的髮髻。

羽織
可以穿著有家紋的羽織褲裝。

雪屐
幕下以上力士可以穿著表面舖藺草的雪屐。

幕下以下力士的打扮

小髮髻
扭轉髮束，讓髮髻往前貼在前方。

浴衣
到序二段為止，都只穿浴衣。三段目開始穿羽織，幕下之後可使用博多帶。

木屐
到序二段為止穿木屐。三段目之後可穿雪屐。

梳好大銀杏髮型就完成了
準備進入土俵！

這裡不一樣！NIPPON 的風俗禮儀

武家時代的髮型一直沿用到現在的相撲髮型上，簡直 Unbelievable ！
順帶一提，相撲禁止染髮 YO ！

登上土俵的華麗舞台

十兩與幕內力士
分別穿著裝飾腰帶繞行土俵一圈

「OHAGIYAMA，出生地為某某縣，隸屬重箱部屋。」配合廣播的時間點登上土俵，會場內出現歡呼聲。接下來會場內將會持續上演激烈的賽事。從幕內的土俵入場開始，就已經聚集大批觀眾。沿著土俵向左繞行一圈，背對正中央站直。除了橫綱以外的幕內力士全部就定位之後，一起面向土俵中央拍手一次。舉右手，提起裝飾腰帶，再高舉雙手。這個動作表示未攜帶武器，也是除去土俵穢氣的儀式。

登上土俵的流程

一.從花道登場
二.登上土俵
三.繞行土俵一圈
四.拍手一次
五.舉右手
六.提起裝飾腰帶
七.高舉雙手
八.下土俵，從花道離開

簡述橫綱登上土俵的動作。十兩與幕內（橫綱以外）的力士要重複兩次。目的是要驅邪與向觀眾露臉。

土俵除穢的神聖儀式上
高舉雙手證明沒有攜帶武器

這裡不一樣！ NIPPON 的風俗禮儀

橄欖球比賽前，紐西蘭的代表選手會跳一種名為「HAKA」的毛利族舞蹈，這項習俗非常有名。就像登上土俵一樣，So powerful ！

在坐墊上集中精神

賽前必須坐著等待上場
利用這段時間整理思緒

柔軟蓬鬆。OHAGIYAMA盤腿坐在侍從摺疊好帶過來的坐墊上。再兩場就輪到自己上場比賽了。他閉上眼睛反芻截至今日的練習與師傅的建議。不過，自己專用的坐墊真的好舒適。紅豆色的絲織布面，裡面填充滿滿的棉花。難以言喻的彈性，總是誘惑人進入夢鄉……不行！怎麼能睡啊……ZZZ

大相撲的坐墊規定

幕內：自用
十兩：共用
幕下：無

〈 觀眾禁止丟坐墊 〉

以前曾經有丟出署名的羽織，送還給主人時可以得到禮金的習俗。這項禮儀以錯誤的樣貌保留下來，變成現在的「丟坐墊」。出現出乎意料的逆轉勝時，觀眾會丟出坐墊，但由於太過危險而被禁止。

日常的坐墊使用方式

〈 對摺後搬運 〉

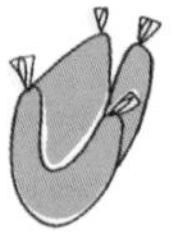

招待客人時，不能先把坐墊放好，而是要把坐墊對摺，移動到客人面前再打開，這才是正確的做法。這個動作有「開運」的涵義。

〈 從側面入座 〉

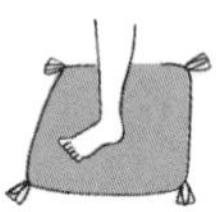

NG

踩踏坐墊、用腳勾坐墊都是NG的行為。必須從坐墊後方或側面入座，用雙手抓住坐墊在放上膝蓋。

幕內力士可攜帶自用坐墊
由侍從負責搬坐墊

這裡不一樣！ NIPPON 的風俗禮儀

歐美都是椅子文化，所以沒有坐墊。因此，光是正坐就很辛苦。不過力士可以盤腿坐在坐墊上，真 Lucky ！

漱口完成事前準備
開始神聖的土俵入場儀式

以力水淨身

恭敬地拿起長柄杓，舀起水桶裡的水。這天準備力水的人，剛剛好是同一個相撲部屋的外國力士。他用眼神表達「你也要贏啊！」OHAGIYAMA連同這份心意與拚死決鬥的覺悟都一併收下。以雙手捧著長柄杓，直接將力水送往口中。接著，使用將半紙（將整張的和紙對半裁切，故稱為半紙）對切的力紙，擦去清水與身上的汗水，連心裡的迷惘也一同拭去。為自己除穢淨身之後，自然而然呼吸就變得順暢，精神也更加集中了。

力水的流程

一. 墊著腳尖蹲下，呈蹲踞姿勢

二. 從前面一組的獲勝者（或下一組的力士）手上接過裝滿水的長柄杓

三. 雙手捧著長柄杓，將水含在口中

四. 把水吐出來（有專用的排水溝）

五. 以力紙擦嘴

蹲踞： 面對比賽對手等相撲界的各種禮儀，皆以蹲踞為基礎坐法。

力紙： 將半紙對半裁切並對摺的和紙。也稱為化妝紙。

長柄杓的拿法

〈敬神時的拿法〉 以右手持長柄杓，依序清潔左右手。用左手盛水，漱口後再清潔左手。

〈相撲的拿法〉 雙手接過裝有水的長柄杓，直接以長柄杓就口，並把水含在口中。水不能喝下去，而是要吐在專用的排水溝裡。

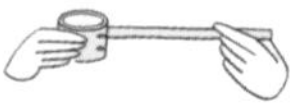

以蹲踞的姿勢雙手捧著長柄杓
淨身之後竭盡全力拚搏

這裡不一樣！ NIPPON 的風俗禮儀

泰國的格鬥技——泰拳，在比賽前會跳一種名為拳戰舞的舞蹈 YO。以此表示感謝師傅與雙親，並且向神明祈求勝利與平安！

除去土俵上的穢氣
祈求力士的平安

撒鹽除穢氣

亮晶晶～抓一大把的鹽向上撒，讓半空中閃閃發亮。鹽不僅可以除去土俵的穢氣，也能祈求力士平安。撒鹽的方式能展現力士的個性，對觀眾來說也是一種樂趣。OHAGIYAMA撒鹽是以美麗的弧度聞名。像是要拂去還沾在手上的鹽巴一樣，咚地拍一下肚子來激勵自己，接著準備進入土俵中央！

在相撲界中，會把鹽撒在土俵上

〈 放入竹製的籃子裡 〉

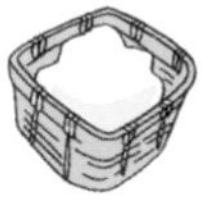

在東西兩個方向準備放有大量鹽巴的竹籃。也稱為鹽簍。使用粗鹽。

〈 十兩以上力士可以使用 〉

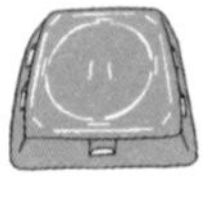

幕下以下的力士，基本上不撒鹽。撒鹽具有淨身、土俵除穢、祈求防止受傷的意義。

用鹽除穢的行為

〈 鹽堆 〉

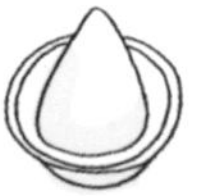

在神龕供神酒時也會一併供鹽。店家的玄關擺放鹽堆，是源自於中國古時候的傳說。

〈 撒在身上 〉

從喪禮守夜或告別式等場合回家時，要在身上撒鹽去除穢氣。

〈 撒鹽 〉

地鎮祭（p.140）等場合中需撒鹽，為土地除穢。

將手上大把的鹽高高撒在半空中
咚地拍一下肚子！

這裡不一樣！ NIPPON 的風俗禮儀

國外也有把鹽用在料理以外的時候。據說在英國要是讓鹽落地，左肩上就會出現惡魔，所以要在左肩上撒鹽 YO！好厲害的 Salt Power！

相撲蹲就是要豪爽

賽前的基本動作
安撫地靈除去穢氣

嘿咻！嘿咻！高高抬起的腿，用力踩在土俵上。相撲蹲是強化腰、膝、腳尖的基本練習動作。同時也是安撫土地的靈魂、具有除穢效果的動作。張開雙腳，在維持半蹲姿勢的狀態下輪流抬起單腳。其中，OHAGIYAMA的相撲蹲，雙腿動作最為流暢。每次只要抬起腳，觀眾就會目不轉睛盯著看。

相撲蹲的方法與進行場合

一.

大幅張開雙腳並向下蹲落

二.

將重心移至其中一腳

三.

伸直負擔體重的那隻腳，另一腳則高高抬起

四.

抬起的腳往下踩，同時也向下蹲

〈 相撲蹲的時間點 〉

在力水儀式前，面向東西側花道做相撲蹲，除此之外，在土俵中央與對手面對面時也要做一次相撲蹲。橫綱登上土俵、弓取儀式（大相撲本場所的優勝者會在土俵上拿著弓表演勝利之舞）時也要做相撲蹲。相撲蹲具有安撫地靈的意義。

單腳高高抬起
咚地用力往下踩！

這裡不一樣！ NIPPON 的風俗禮儀

奧運的聖火是最為知名的賽前儀式！起源於希臘神話，具有崇敬宙斯等諸神的意義 YO。

用手巾整理儀容

司儀用手巾當作信號 表示已經到了決勝負的時刻

這裡擦擦、那裡擦擦。從司儀手上接過手巾，OHAGIYAMA擦起腋下與臉上的汗水。淨化土俵、淨化自己，提高專注力之後，汗水也隨之噴發。將搭配文鳥金時圖案的專用手巾交還司儀，就表示「時間到了！」會場內的歡呼變得更大聲。完成撒鹽、雙拳著地的動作之後，雙方以眼神示意「比賽開始！」一決勝負的時候到了！

相撲手巾的規則

幕內：攜帶自用手巾，由侍從將手巾交給司儀。到了限制時間（四分鐘）後，司儀會將手巾交給力士，表示時間已到。

十兩：司儀會遞上自用手巾，表示已經到限制時間（三分鐘）。

幕下：限制時間（二分鐘）很短，所以不使用手巾。

不能泡在浴池裡

一般大眾浴池禁止將手巾泡在浴池中。把手巾放在頭上，目地是為了避免長時間泡熱水會上火。

餽贈手巾的場合

〈 代替問候禮品 〉

從鎌倉時代開始手巾就是日常用品之一，也被當作一般禮品或年節的問候禮品餽贈親友。

〈 婚禮禮金的回禮 〉

大多會選擇手巾當作婚宴禮品或回禮。慶祝生產的回禮等場合，也會使用描繪吉祥圖案的手巾。

〈 喪葬奠儀的回禮 〉

手巾也是日本的傳統文化用品之一，即便到了現代也會頻繁在日常生活中使用，因此成為奠儀回禮的經典禮品。

用自己的手巾擦去汗水
一決勝負的情緒來到最高點！

這裡不一樣！ NIPPON 的風俗禮儀

手巾有點類似手帕。據說在台灣送禮不能送手帕，因為「擦眼淚的手帕表示離別」。真是 Dramatic ！！

預備——開始對決！

協助低階的力士練習
就算獲勝也要尊敬對手

「預備——開始！」OHAGIYAMA與對手的身體正面衝撞。胸貼胸「緊緊鎖住對方」是OHAGIYAMA的風格。他絕對不會去耍什麼小聰明。抓住了對方腰帶的OHAGIYAMA用盡全力，以一招上手投獲得勝利！對手是橫綱力士。出乎意料的逆轉勝，他在心裡高喊三次萬歲。然而，心情可不能顯露在臉上。此時依然必須確實行禮，向對手表達敬意。

仕切的規定

限制時間	幕內：四分鐘以內 十兩：三分鐘以內 幕下：二分鐘以內
姿　勢	開腿向下蹲 雙手放在土俵上
等　待	在限制時間內力士的呼吸節奏無法配合時，就必須重來。

雙方隔著分界線相互調整彼此的呼吸，稱為「仕切」；呼吸節奏對上之後起身，稱為「立合」。比賽正式開始的時間並非由裁判宣布，而是力士彼此伺機而動。

潛規則中的NG行為

〈 改變立合的姿勢 〉

正面對決才是相撲的美學。因此，起身時出現左右擺動等變化非常不討喜。

〈 無效攻擊 〉

必須尊敬對手。勝負已經分曉卻執意做出無效攻擊的行為，有損力士的品格。

〈 賽後的行為舉止 〉

不能表現出獲勝的情緒才是力士應有的品格。對裁判的判決提出異議也是NG行為。

在限制時間內堂堂正正對看
聽到「比賽開始」雙方就會正面衝撞

這裡不一樣！ NIPPON 的風俗禮儀

美國的職棒大聯盟也有不成文的規定：在分數落差大時不能盜壘。在對手或觀眾面前爭執也是 NG 行為！

以手刀接下獎金

用右手向三神表達敬意再收下獎金

「OHAGIYAMA以上手投獲勝～」在裁判唱名獲勝後，隨即接下獎金。在堆成一疊的禮金袋前，依照左、右、中間的順序劃手刀。手刀是對五穀守護神表示感謝的儀式。平安時代曾經贈予獲勝者織品或米糧，武家時代則是贈予弓或箭。現在則是致贈一份六萬二千日圓的獎金。力士可以獲得其中的三萬日圓。接過獎金時要對神明心懷感激，以感恩的心情收下勝利的恩惠。

手刀的禮儀

流程	一．採蹲踞姿勢 二．以右手依照左→右→中的順序劃手刀 三．接下獎金
名稱	左．神產巢日神 右．高御產巢日神 中．天御中主神
明細	一　份：六萬二千日圓 力　士：三萬日圓 手續費：五千三百日圓 定額儲蓄金‧稅金：二萬六千七百日圓 除此之外也有和菓子等附帶商品的獎勵。但並不會在土俵上頒發。

以前曾經有力士用手刀劃出「心」字。之後也有力士會模仿。

蹲踞的姿勢加上手刀

接下賽事的獎金

這裡不一樣！ NIPPON 的風俗禮儀

據說在印度，左手代表不潔，所以用餐、握手都要使用右手。就像日本的神明儀式一樣。為了要拿獎金，右手千萬不能受傷啊！

大賽之後當然要泡澡

階級高的力士優先入浴
一邊沖走汗水一邊回顧賽事

唰——唰——！OHAGIYAMA沖完澡之後，立刻衝進浴池。把手巾放在頭上，沉浸在獲勝的餘韻之中。再怎麼說，對手也是橫綱力士啊！從腳尖到腹部、腰部、肩頸都暖了起來。真是幸福的泡澡時光啊！好希望可以就這樣泡到天荒地老。不過，下一組結束之後，等級高的力士就要進來了，所以不能待太久。離開浴池後，用手巾擦拭身體再走回更衣室。

沖澡的禮儀

意義一：洗去汗垢，不要弄髒浴池。

意義二：讓身體慢慢適應溫度。從手腳等離心臟較遠的部位，開始適應溫度，可防止心臟病發作等狀況。

〈 刷背 〉

用手巾幫別人刷背。在日本有幫長輩或者是前輩刷背的習俗，也有人提供刷背的服務。在相撲界當中，都是由侍從幫關取力士刷背。

賽後的入浴方式

〈 與高階力士同時間的話必須等待 〉

比賽後，力士會沐浴。賽事後半場有可能會在浴場碰到高階力士。遇到這種情形，等級較低的力士必須先做一些整理髮髻之類的事情，等待高階力士沐浴完畢。

〈 髮型從大銀杏換成小髮髻 〉

十兩以上的力士，平常（比賽以外的時間）梳小髮髻。泡完澡之後，由床山重新梳理成大銀杏髮型。力士出席賽事最後一天的千秋樂表揚儀式時，也必須梳大銀杏髮型。

沖澡之後再進入浴池
沐浴後要重新整理髮髻

這裡不一樣！NIPPON 的風俗禮儀

在英國，有人會在浴缸裡放三分之一的水泡澡 YO。而且還會在浴缸裡搓洗身體。我個人比較喜歡放滿水的浴池！

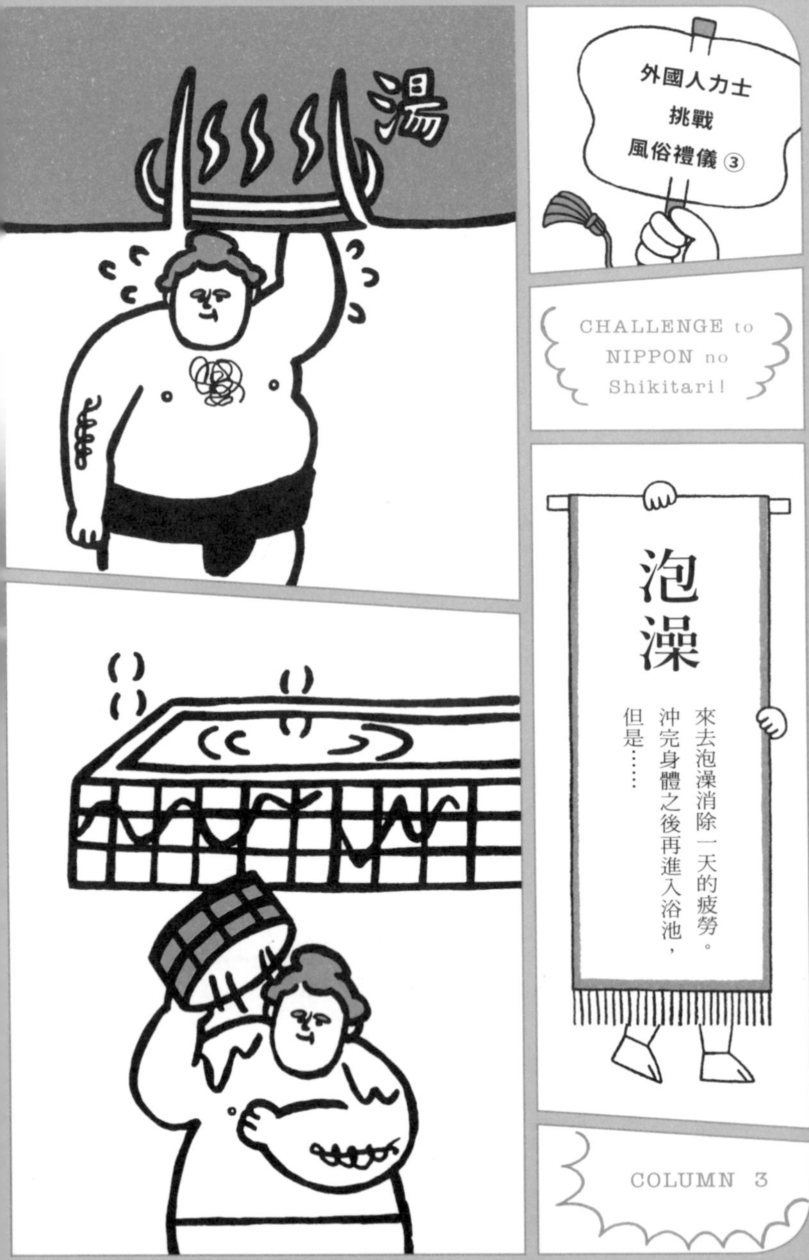
湯
外國人力士
挑戰
風俗禮儀③
CHALLENGE to
NIPPON no
Shikitari!
泡澡
來去泡澡消除一天的疲勞。
沖完身體之後再進入浴池，
但是……
COLUMN 3

shikitari advice

金時的
金玉良言

沖完身體再進入浴池，這個流程沒有錯，問題是在浴池裡搓洗身體。日本的浴池是很多人共用的，因此必須盡量保持乾淨，原則上必須在浴池外洗淨身體。另外，把毛巾或手巾放進浴池是NG的行為。尤其是在溫泉或錢湯等大眾澡堂更要特別注意。

HOW TO
HAVE
A BATH

MATOME !

在浴池外洗淨身體，
不能弄髒浴池裡的熱水！

篇四

「飲酒與慶賀的風俗禮儀」

大賽最後一天的千秋樂是特別的日子

獲得優勝之後將會十分忙碌 除了獎盃以外還有其他獎品

四周的掌聲此起彼落。頒獎儀式後，OHAGIYAMA馬上搭乘優勝遊行的車輛，接受如雷貫耳的掌聲。獲得優勝的人是OHAGIYAMA！不對，冠軍是同一個相撲部屋的外國力士。OHAGIYAMA這次只是擔任旗手。雖然很高興獲得參加獎，但仍有一絲不甘心。在獲得一場出乎意料的逆轉勝之後就掉以輕心，真是後悔得無以復加。「下一次冠軍就是OHAGIYAMA了！」對於沿途中粉絲們所給的加油打氣，OHAGIYAMA用力點了點頭。

千秋樂限定的儀式

〈大關・關脇・小結三役相撲蹲〉

時間：比賽剩下三組的時候

人選：剩下的三組力士

內容：東西方各有三人登上土俵，做相撲蹲動作

〈頒獎典禮〉

時間：所有比賽結束的時候

人選：優勝者、三賞力士（殊勳獎 敢鬥獎・技能獎）

內容：頒發獎盃、盾等紀念品

〈頒獎典禮結束後〉

出道力士的祝賀儀式

在該賽事中出道的新弟子們，須在土俵上敬神酒，並與裁判等人一起依照三次、三次、三次、一次的順序重複拍手三輪做為結束的儀式。

送神的儀式

拍手儀式結束之後新弟子們會在土俵上拋舉裁判等人，表示將土俵的神明送回原處。

〈優勝的力士〉

高喊萬歲三次

在後台更衣室，優勝的力士與贊助人會高喊三次萬歲。之後所有相關人員會一起拍攝紀念照。

遊行

敞篷車上載著優勝力士與手持優勝旗幟的同相撲部屋或同門力士，向粉絲打招呼。

旗手基本上是同一個相撲部屋的力士
要與優勝者一起回應觀眾的加油聲

這裡不一樣！ NIPPON 的風俗禮儀

Yes，Yes，Yes！獲得優勝不只能拿到獎金，還有很多其他的獎品 YO。日法友誼賽的獎品是比平常大 100 倍的馬卡龍。就連法國人都沒看過呢！

神清氣爽的開酒儀式

開酒＝開運
慶祝會的經典儀式

「嘿咻！」本場所賽事結束了以後，慶祝會上響起開酒的聲音。師傅與獲得優勝的外國力士一起用木槌敲開酒桶的蓋子。「開酒就表示開運。真期待下次的比賽啊！」因為師傅一席激勵的話語，讓OHAGIYAMA的夢越做越大。無論如何，總算平安無事迎來最後一天的千秋樂。明天開始又要繼續練習了！不過，今天就暫且先享受神酒與令人讚不絕口的豐盛佳餚吧！

開酒的基礎

〈 舉行開酒儀式的事由 〉

在元旦、結婚典禮等個人的慶祝儀式或創業、開店、展開新事業等組織（企業）的慶祝派對上會進行。

〈 開酒前的準備 〉

拆開外包裝並取下蓋子，將繩子纏繞在酒桶的邊緣。如果出現異物必須先撈起來，最後再度蓋上蓋子就完成準備工作了。

〈 喊聲 〉

先喊「預備—」接著再喊「嘿咻！」一起敲開蓋子。有時候也會喊三次「嘿咻！」

〈 酒的種類 〉

敬神的神酒基本上都是日本酒。專賣酒的店家以前把酒桶的上蓋稱為「鏡」。

●開酒與開鏡餅的不同之處

「開鏡餅」是把正月供奉的鏡餅敲碎吃掉的意思。另外，因為「敲碎」含有負面的意義，所以敲酒桶蓋子的儀式，通常都稱為開酒儀式。

以「嘿咻」的喊聲
調整大家的節奏一起開酒

這裡不一樣！ NIPPON 的風俗禮儀

國外噴香檳酒的慶祝方式，有一說是源自於拿破崙打勝戰的紀念！在日本開酒儀式之後，酒依然還是可以喝，所以我覺得日本的做法比較 GOOD ！

令人微醺的斟酒

斟酒切忌強人所難
速度與量的調整很重要

「要喝點啤酒嗎？」OHAGIYAMA雙手捧著啤酒瓶幫贊助人倒酒。接著他向對方表示感謝之意後，也回敬一杯酒。右手拿著玻璃杯，左手托著杯底，咕嘟一聲喝完一杯酒，不知不覺就喝下太多酒了。OHAGIYAMA酒後步履蹣跚，最後整個跌坐在地上。晚輩們聞聲趕來，只聽到OHAGIYAMA喃喃自語：「好想要獎杯啊……」晚輩端來一杯水，告訴他：「獎杯在這裡！」OHAGIYAMA在大家的溫柔包容之下進入夢鄉了。ZZZZ

斟酒的基礎

〈 敬酒 〉

年少者→年長者、晚輩→長輩、主人→客人，以敬酒的方式問候對方。

〈客人的酒杯空了就要立刻上前詢問〉

客人的酒杯空了要盡早發現，並且上前詢問：「要不要再來一杯？」但一味勸酒是NG行為。

〈 配合對方的步調 〉

明明酒杯還沒空就急著斟酒，等於是變相強迫對方把酒喝完。請不要過度積極拿著酒瓶到處走動。

日本酒的斟酒順序

八～九分滿

用右手從中央拿起酒壺，左手在下方捧著。一點一點慢慢斟酒至八～九分滿。

啤酒的斟酒順序

三：七

將酒瓶標籤朝上，右手從瓶底拿起，左手在下方撐住瓶身。邊倒著酒邊調整，讓泡沫維持在三成左右的比例。

啤酒瓶的標籤朝上
以右手拿酒瓶、左手扶瓶身，一點一點慢慢倒酒

這裡不一樣！ NIPPON 的風俗禮儀

在歐美，斟酒是服務生的工作。在中國，據說讓長輩倒酒很失禮喔！我都是直接喝整瓶啤酒，所以 No Problem ！

唱歌也有分上下座

晚輩要坐在出入口附近
離出入口最遠的就是上座

啦啦～啦啦啦～♪睡了一覺之後再度復活的OHAGIYAMA和晚輩一起去唱歌。坐在出入口附近的晚輩，負責點飲料與食物，然後再分給大家。OHAGIYAMA就像是為了答謝晚輩們對他的關心一樣，一首接一首地大聲唱著拿手歌曲。晚輩們也用鈴鼓與沙鈴伴奏，炒熱氣氛。唱完之後想去上廁所，但是離出入口好遠。坐在上座也很辛苦呢！

計程車的席次

※ 日本為右駕

司機的後方為最上座，副駕駛座為末座。後座有三個人的時候，正中間為末座。若使用一般家用車，駕駛是親人的話，副駕駛座就是上座。

餐桌的席次

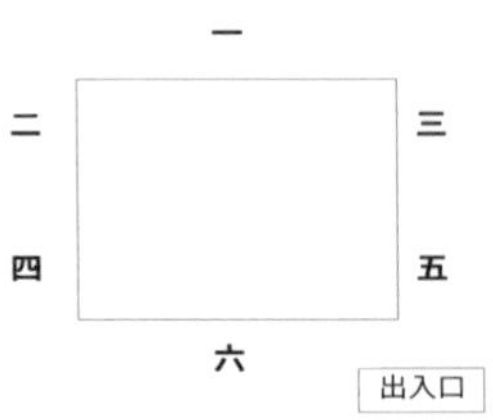

出入口這一側為下座，反方向的位置離出入口最遠則是上座。在中華餐館等使用圓桌的場合也是依照這個標準。若場地為和室，則以床之間那一側為上座。

坐在上座展現美妙歌喉
晚輩負責炒熱場子

這裡不一樣！ NIPPON 的風俗禮儀

在澳洲，如果一人搭計程車，禮貌上必須坐在副駕駛座。要是不知情一屁股坐在後座，司機會覺得這個人自以為是 VIP 喔！

前輩買單之後晚輩必須表示謝意

相撲界的慣例是等級高的力士要請客

「多謝招待！」走出店門口，晚輩們低頭鞠躬向前輩道謝。相撲部屋的習慣是等級高的力士要請等級低的力士吃飯。十人份的卡拉ＯＫ費用可是一大筆錢，但是自己平常也總是受前輩照顧，所以這時候當然要欣然付帳！昨夜的玩樂就像夢境一樣，隔天又要開始認真練習。不過，這也是理所當然的事。相撲部屋的凝聚力因為昨晚的卡拉ＯＫ變得更強了！

結帳前的禮貌

一．由晚輩接下帳單

如果沒有主辦人的話，則由晚輩接下帳單，並聽從前輩的指示。

二．就算是前輩請客也要掏出錢包

就算前輩已經表示要付帳，也必須掏出錢包展現要付錢的意思。

●事後馬上回禮以及隔日再言謝共兩回

支付後馬上回禮是理所當然的，隔日也需要再度言謝！如果無法碰面，可以打電話或寫 e-mail 表達感謝。

結帳時的禮貌

一．站在櫃檯後方，不能看向付款人手邊的位置

付款區域空間如果夠寬，可以就地等待，注意不要看向付款人手邊的位置。此時切忌走出店外。

二．空間狹小時，在店外等候

店內空間太狹窄時，最好在店外等候。待付款人走出店門口，就要立刻鞠躬道謝。

付帳之後晚輩必須向前輩道謝
若店家空間狹窄就在店外等候

這裡不一樣！ NIPPON 的風俗禮儀

據說在中國的餐廳裡，玻璃杯中有布製餐巾的位置是給付帳的人坐的。很多人一起去吃飯的時候要特別 Be Careful ！

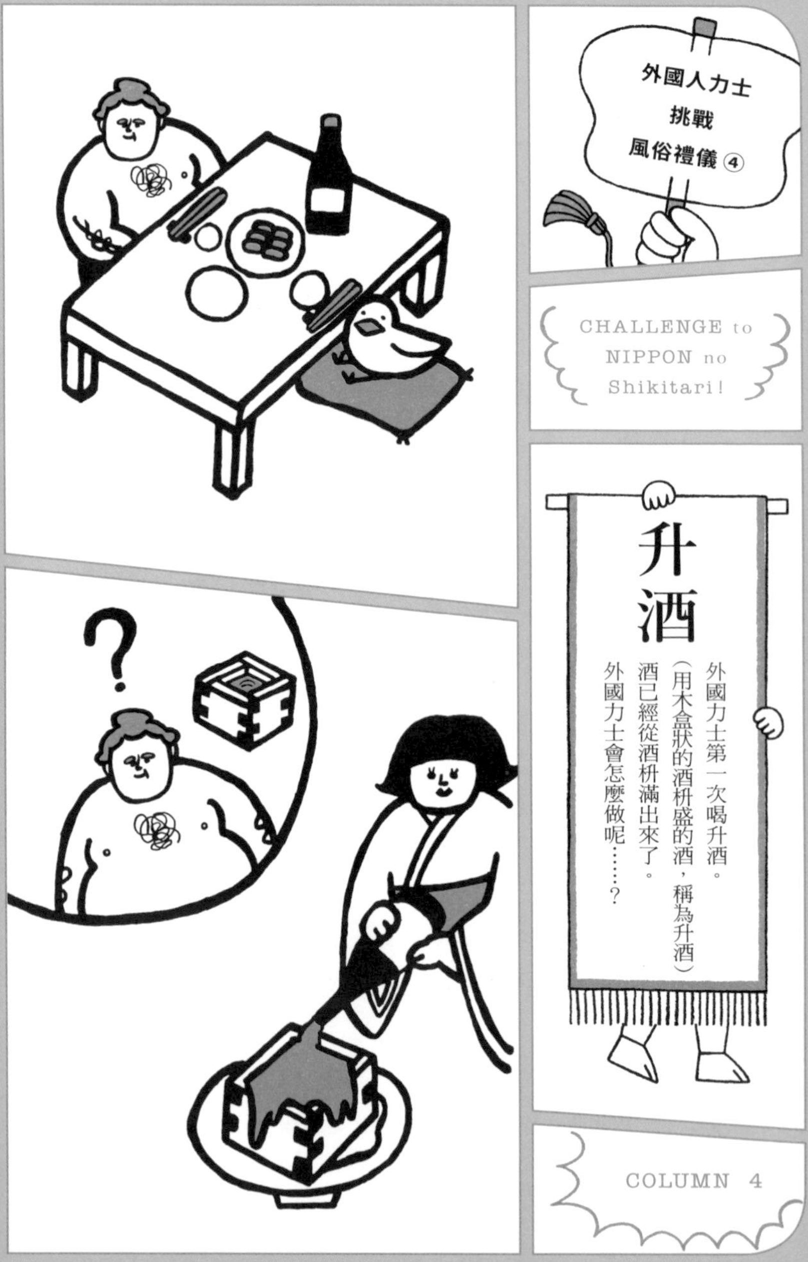
外國人力士
挑戰
風俗禮儀④
CHALLENGE to
NIPPON no
Shikitari!
升酒
外國力士第一次喝升酒。
（用木盒狀的酒枡盛的酒，稱為升酒）
酒已經從酒枡滿出來了。
外國力士會怎麼做呢……？
COLUMN 4

shikitari advice

金時的
金玉良言

升酒有時會斟到溢出來。流到酒枡托盤上的酒也可以喝掉，但最好不要直接用托盤喝，而是倒入酒枡再喝。另外，喝升酒時嘴巴要對著酒枡的角。斟酒斟到溢出來是店家的招待方式，我們最好用聰明的飲酒方法來接受店家的誠心款待。

HOW TO DRINK MASUZAKE

MATOME !

溢到托盤裡的酒，
要倒進酒枡裡喝！

相撲的決勝招式

相撲有八十二手的決勝招式。所謂的決勝招式，就是決定比賽勝負的關鍵技巧，有經常出現的技巧、不常見的技巧，可以說是五花八門。本文介紹經常出現的二十手招式。

一 寄切

YORIKIRI

自已的身體緊貼對手，以拉扯對方腰帶、往前推（前進）等方式，把對手推出土俵外。也有可能往側邊前進，藉此把對手推出去。

二 叩進

HATAKIKOMI

當對手以低體位出招時，可藉由攻擊肩膀、背後、手臂等部位，使對手趴在土俵上。對手跌倒、超出土俵外時，也屬於「叩進」。

三 押出
OSHIDASHI

用手掌等部位，推擠對方的胸口或腹部，使對方被推出土俵外。以大拇指與食指間的虎口，插入對方腋下並往外推，這種方式稱為「筈押」。

四 突落
TSUKIOTOSHI

當對方以低體位出招時，往左（右）踏弓箭步扭轉身體並以右（左）手攻擊對方的左（右）肩或側腹等部位，向斜下方將對手摔倒在地。

五 上手投
UWATENAGE

從對方的左（右）手方向外側，以右（左）手抓住腰帶，將對手摔倒在地。即便對手沒有摔倒，只要離開土俵也算是「上手投」。

六 突出
TSUKIDASHI

撞擊對手的肩膀或胸部等部位（伸直手肘，像要撥開對方一樣地用手掌撞擊）使對手離開土俵。若對手倒地，就稱為「突倒」。

七 寄倒

YORITAOSHI

讓自己的身體緊貼對手，藉由拉扯對方腰帶，向前進（向前推）以摔倒對手。若對手沒有倒地，但已經離開土俵，就屬於「寄切」（P.94）。

八 引落

HIKIOTOSHI

抓住或推擠前方對手的肩膀、手腕、腰帶等部位，將對手拉到跟前並使對手伏趴在土俵上。對手可能會跌倒或離開土俵。

九 押倒

OSHITAOSHI

以手掌等部位推擠對手胸部或腹部，使對手倒地。對手如果未倒地但已經離開土俵，決勝招式就是「押出」（P.95）。

十 送出

OKURIDASHI

繞到對手的側面或後方，推擠、衝撞對方的背部，使對手離開土俵。若對手在土俵外或土俵內倒地，則屬於「送倒」。

十一 小手投

KOTENAGE

以右（左）手抱起對方的左（右）手（不抓腰帶），將對方摔倒在地。即便對手未倒地，只要離開土俵也算「小手投」。

十二 掬投

SUKUINAGE

將左（右）手插進對方的右（左）手內側，在不抓腰帶的情況下，把對方從腋下往上舉起摔出。對方摔出土俵也算是「掬投」。

十三 下手投

SHITATENAGE

將左（右）手插進對方的右（左）手內側，抓起腰帶把對方摔倒在地。對方若未倒地，只要摔出土俵也算是「下手投」。

十四 上手出投

UWATEDASHINAGE

在上手投（P.95）的姿勢下，絆倒沒有抓住腰帶的那一側，把對方往前摔在土俵上（或摔出土俵外）。

十五 肩透

KATASUKASHI

左（右）手插進對方右（左）手內側，拉扯對方右（左）肩（手臂根部），站弓箭步把對手拉到跟前再摔。

十六 極倒

KIMETAOSHI

將對手的雙臂從左右牢牢抱住（夾住）封鎖對方的行動，再維持這個姿勢前進或將身體靠在對方身上，藉此摔倒對手。也有可能是以單手完成動作。

十七 極出

KIMEDASHI

在箝制對方的狀態下前進，把對方推出土俵外。也有並非箝制住對方的雙肘，而是只箝制左右其中一手的情況（「極倒」也一樣）。

十八 渡進

WATASHIKOMI

以左（右）手從外側擒抱對方的右（左）膝蓋或大腿，並用右（左）手撞擊對方胸口或將身體靠在對方身上，藉此摔倒對手。

十九 首投

KUBINAGE

用單手夾住對方的頭部，扭轉身體把對方往內捲並摔在地上。這招通常會用在已經逼近土俵邊緣等陷入困境的時候。

二十 引掛

HIKKAKE

在推擠等攻防戰途中，抓住對方伸出的手臂，站弓箭步往側邊甩出對手，使對手摔倒或將對手甩出土俵。

五

「寫信與贈禮的風俗禮儀」篇

將收件人姓名用大字寫在正中間
手寫一定更能表達心意

粉絲信

「來，今天也有你的信喔！」練習結束之後，師娘遞來一封信。OHAGIYAMA為了下次比賽，懷抱著新目標，每天都勤於練習。OHAGIYAMA會如此振奮，不只是因為師傅的建議。正中央比住址還要低一個字的高度，有手寫的收件人姓名「おはぎやま（OHAGIYAMA）」。「這難道是粉絲信嗎!?」信件裡到底寫了哪些鼓勵的話呢？

日式信封

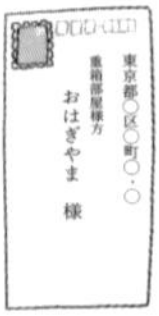

正面

地址寫在郵遞區號下方間隔一個字的位置，並且在二行內寫完。姓名寫在中央，高度要比地址低一個字。

背面

在中央線的右側書寫寄件人地址，左側則寫寄件人姓名（也可以一併寫在右側）。左上角寫上寄出日期。

西式信封

正面

地址寫在郵遞區號正下方，中間偏上的位置。鄰里號碼使用阿拉伯數字標示。姓名則以大字寫在正中央。

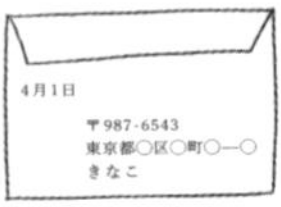

背面

寄件人地址、姓名避開封口，寫在下方中央。在寄件人住址左上角寫上寄出日期。

手寫的收件者姓名
總是能讓人會心一笑

這裡不一樣！ NIPPON 的風俗禮儀

「貴寶號」、「先生」、「鈞長」……日本的敬稱好困難。如果是英文信，寄給工作上往來的客戶，收件人只要「公司名稱」+「Dear Sir」or「Madam」就 OK 了！

以季節問候作為信件開頭

以季節問候與尊敬的文字向收件人表達敬意

好興奮啊！OHAGIYAMA覺得連打開信封的時間都令人感到著急。攤開摺好的信紙，映入眼簾的是花許多時間才寫好的文字。內容寫著關心OHAGIYAMA的身體健康以及觀看上次比賽的感動。有這樣認同自己的努力、從賽事中感受到某些情緒，因而不斷支持自己的粉絲。再也沒有比這更令人快樂的事情了。為了在下次比賽中，讓粉絲看到進化後的自己，接下來也要練習、再練習！

季節問候語的例子

一　月：新春時節，更添寒意

二　月：立春時節，融雪漸暖

三　月：早春時節，櫻花花蕾初綻

四　月：陽春時節，晴朗和煦

五　月：新綠時節，初夏暖風清新宜人

六　月：初夏時節，雨中的繡球花美不勝收

七　月：盛夏時節，開始進入暑伏

八　月：殘暑時節，月曆上顯示已經入秋

九　月：初秋時節，忽冷忽熱的天氣將會延續至秋分

十　月：仲秋時節，秋高氣爽

十一月：晚秋時節，充滿鮮豔楓紅

十二月：臘月時節，年末將至

敬啟者

春日正盛，陽光普照。
看到您發展得越來越好，真令人高興。

　春場所的賽事中，我親眼見到您在最後一天的比賽，豪邁地取勝令我十分感動。我因為您正面對決的比賽精神而產生勇氣。真的非常感謝您。

　在這春光瀲灩的好時節裡，衷心期盼您今後更健康、更幸福。
最後，請代替我向重箱部屋的成員們問好。

敬上

平成○年○月○日

おはぎやま 先生

きなこ

開頭用「敬啟者」，文末以「敬上」結尾
別忘記寫上日期喔！

這裡不一樣！ NIPPON 的風俗禮儀

寫信雖然有「又啟」這種詞彙可以用，但最近好像很多人都用「P.S.」。
這是「Postscript」的簡稱，表示「寫在後面」的意思。

中元節・歲末贈禮

在固定的期間餽贈禮品
正面要寫上「慶賀中元」

OHAGIYAMA在百貨公司裡走來走去。六月下旬，正值梅雨時期。OHAGIYAMA為了選中元節的禮品，在百貨公司裡來回走動。喜歡酒類的人要準備冷酒，講究美食的人則要準備水果，一邊想著每個人的喜好一邊挑選禮品。請店員在禮品正面寫上「慶賀中元」，就完成這次跑腿的任務了。「咕嚕嚕～」選完禮品，肚子也餓了。「和外國力士一起吃個水羊羹好了。」為了購買下午三點想吃的點心，OHAGIYAMA又再度回到百貨公司。

中元節		歲　末	
贈禮時間	關東地區／七月一日～七月十五日 關西地區／七月中旬～八月十五日	贈禮時間	十二月初～十二月二十五日左右
贈禮對象	平時受到關照的人 （兄弟姐妹、親戚、上司、客戶）	贈禮對象	平時受到關照的人 （兄弟姐妹、親戚、上司、客戶）
標示文字	慶賀中元	標示文字	慶賀歲末
禮品內容	日用品、食品・飲料等。如果錯過贈禮時間，可以將文字換成「夏季問候」或「殘暑問候」。相撲界的風俗則是在五月底～六月時贈送印有四股名或相撲部屋名稱的浴衣。	禮品內容	選擇日用品、食品・飲料（正月用品等）對方會喜歡的禮物。致贈過中元節禮品的人，歲末一定也要送禮。如果打算只送一次的話，最好選擇歲末。

抱著感謝對方平素照顧的心情挑選禮品
不是選自己喜歡的，而是要選擇對方喜歡的東西

這裡不一樣！ NIPPON 的風俗禮儀

餽贈禮品的禮節，對歐美人而言簡直 Don't Understand！不過，我非常喜歡日本處處對人充滿感謝的「體貼」之心與文化喔！

風呂敷是魔法包巾

「重要的禮品」包裝也要表達出重視的心情

把禮物一層層包好。抱著用青海波紋風呂敷包裝的禮物走向外國力士的房間。雖然是只有打一個結的簡單包裝，但也已經充分表現出餽贈重要禮品的心意。正因有競爭對手，OHAGIYAMA才更能努力練習。打開風呂敷之後，迅速將包裝摺疊好，再把水羊羹遞給對方。「雖然量不多，要不要一起享用呢？」對於OHAGIYAMA突然來訪以及這一串奇怪的對話，讓外國力士嚇了一跳。不過，OHAGIYAMA的心意還是成功傳達給對方了。

簡單的包裝方法

風呂敷從奈良時代就已經是包裝物品的主流。有「瓶罐包裝」、「圓形包裝」、「提袋式包裝」等各種包裝方法。這裡介紹最普通的「一般包裝」。這種包法的特色就是只有一個結，方法很簡單，而且最適合包裝盒裝物。

一.

在呈現菱形的風呂敷正中央放置禮品，注意不要讓物品傾斜。

二.

拉起風呂敷下方（正前方）的角，摺到禮品的上方。

三.

上方（另一側）的角，往下疊在步驟二摺好的布上面。

四.

將左右兩邊的角打平結。小心不要把結打得太緊。

為了送禮給重要的人
必須用風呂敷確實保護禮品

這裡不一樣！ NIPPON 的風俗禮儀

韓國也有「POJIGI」這種類似風呂敷的布。因為是用製作衣服剩下的布拼接而成的拼布，所以顏色與花紋都非常豐富！

季節問候

問候對方夏季身體是否安康的心意都在一張小小的明信片中

唧——唧——蟬兒都在談情說愛的炎炎夏日，OHAGIYAMA因為勤奮練習而汗流浹背。用手巾擦了又擦，汗水還是一直不停地流。就在這個時候，OHAGIYAMA收到一張慰勞夏日酷暑的明信片。明信片上的圖案是正在游泳的優雅金魚，而且寫著優雅的文字。「下一場比賽我一定會前去加油。」粉絲的鼓勵，果然令人歡喜無比。那就繼續再接再厲吧！

夏季問候的範例

謹此致上夏季問候。
近日氣溫炎熱，
您別來無恙吧？
我正趁著暑假學習相撲。
因為正值酷暑，
請您務必保重身體。
平成〇年　盛夏

冬季問候的範例

謹此致上冬季問候。
正值雪花紛飛、氣候嚴寒之時，
不知您是否別來無恙？
感謝您告訴我握手會的消息。
我一定會前往參與盛會。
平成〇年　一月

謹此致上夏季問候。
梅雨季節過去，終於來到炎炎夏日。
得知您身體健康，令人十分開心。
下次比賽我一定會前去加油。
炎熱的天氣還會持續一段時間，
請您務必保重身體。
平成〇年　盛夏

充滿季節感的明信片與文字
光看外觀或閱讀內文就能夠療癒心靈

這裡不一樣！NIPPON 的風俗禮儀

季節問候的文化非常符合四季分明的日本。在基督教文化圈中，則是會寄送復活節與聖誕節卡片 YO！

握手可以拉近距離

基本上以右手握手
禮貌上必須看著對方的眼睛

「感謝您平常的支持。」在地方巡迴賽時，也會舉辦力士的握手會。今天也有眾多粉絲來到現場。OHAGIYAMA懷抱謝意，伸出右手溫柔地與每位粉絲握手。在眾多粉絲當中，聽見有人低聲向他說：「OHAGIYAMA的笑容是我的活力來源呢！」仔細一看，原來是平常都有寄信來的きなこ（KINAKO）小姐。「今後我也會繼續為你加油！」對於KINAKO小姐的鼓勵，OHAGIYAMA回禮道：「非常感謝您！」有粉絲支持才有相撲啊！

日本特有的接觸方式

日本習慣用敬禮的方式打招呼，因此對握手打招呼較不熟悉。不過，握手顯示「沒有敵意」，很快就能縮短與對方之間的距離。

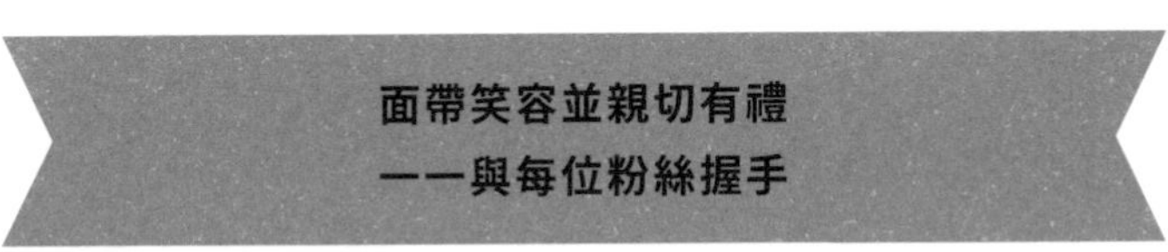

面帶笑容並親切有禮
一一與每位粉絲握手

這裡不一樣！NIPPON 的風俗禮儀

在美國會一邊眼神交會一邊握手。日本人則是會邊握手邊鞠躬。從對方身上移開視線非常 Danger！但是在日本就很安全喔！

以賀年卡問候

原則上必須在元旦寄達
今年也請多多指教！

噹——噹——。除夕夜的鐘聲告訴大家新的一年已經到來。元旦問候過師傅與師娘之後，就要來拜讀賀年卡了。有許多賀年卡寄來重箱部屋。除了贊助人與其他部屋的力士以外，還有很多粉絲寄來賀年卡。找到了！卡片上描繪可愛富士山的圖案，還寫著「非常期待您晉級大關力士！」這一段話。OHAGIYAMA在內心默默發誓，今年無論如何都要晉級，成為大關力士！

忌諱詞

去年	→昨年、舊年
一月一日元旦 **正月元旦**	→平成〇年元旦

喪期間的明信片對應

若是因為有寄來喪禮明信片而得知訃聞，則必須寄送弔唁信與奠儀。奠儀的封面文字會因為書寫時期不同而改變，需特別注意。

封面文字： 四十九日前→「御靈前」
四十九日後→「御佛前」

祝賀詞範例

〈給長輩〉
使用四字祝賀語或文章
「謹賀新年」、「謹此至上祝賀新年之意」、「恭賀新年」、「恭賀新年之喜」。

〈給一般對象〉
寄給同事或朋友，選哪一種都 OK
「壽」、「賀正」、「迎春」、「新春」、「新年快樂」。

● 相撲的賀年卡
相撲界的習慣是在明信片上註明一月份時的等級，並蓋上「謹賀新年」的印章，再寄給所有相關人員。

謹賀新年
去年，
承蒙您照顧，
非常感謝。
今年也請多多指教。
平成二十九年元旦
きなこ
非常期待您
晉級大關力士！

賀詞→對過去一年的關照致謝→新年問候
以有禮的文字迎接清新的元旦

這裡不一樣！ NIPPON 的風俗禮儀

據說在中國與韓國也有寄賀年卡的習慣，也有天干地支喔！不過，日本和台灣的山豬年（日文的豬年（イノシシ年），「イノシシ」指的是山豬，而不包括日文「豚」（家豬）的意義。在文化上有著指涉的差異。）在中國與韓國則是豬年喔！

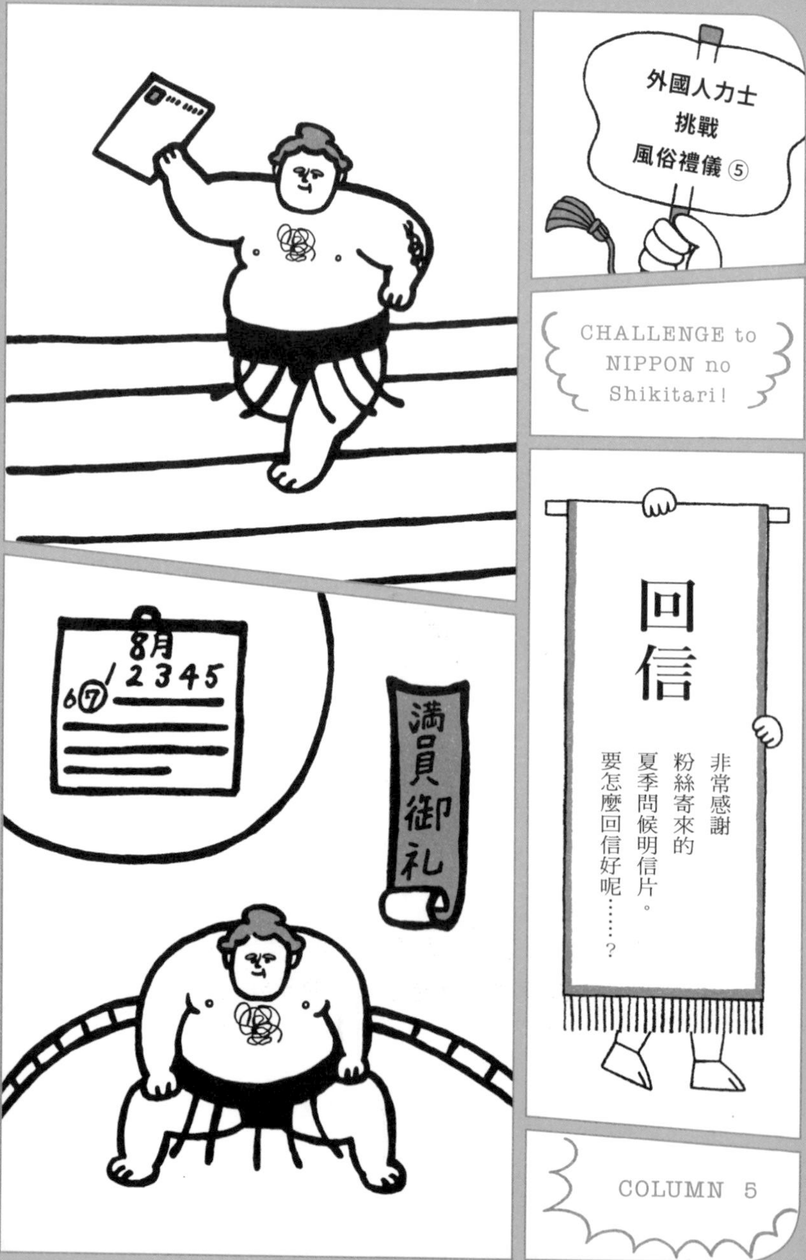
外國人力士
挑戰
風俗禮儀⑤
CHALLENGE to NIPPON no Shikitari!
回信
非常感謝
粉絲寄來的
夏季問候明信片。
要怎麼回信好呢……？
8月
12345
67
滿員御礼
COLUMN 5

shikitari advice

金時的
金玉良言

夏季問候明信片，是在梅雨季節的七月中旬到立秋前一天寄出。之後就屬於「殘暑問候」的範圍，禮貌上最慢也要在九月上旬寄達。另外，「冬季問候」是從入冬的一月五日左右到立春前一天這段時間寄出，所以之後就屬於「餘寒問候」了。除此之外，盡快回信也是禮儀之一。

HOW TO ANSWER A LETTER

MATOME !

夏季問候的時間是到立秋前一天為止！

「訂婚與結婚的風俗禮儀」篇

六

緊張萬分的登門拜訪

約定時間的五分鐘後為吉時
大衣要在門外先脫下來

叮咚——。師傅按下門鈴的手正在發抖。今天是拜訪新娘家，與對方雙親打招呼的日子。師傅還是現役相撲選手時，無論遇到多強大的對手都不曾退縮，結果今天卻有點腿軟呢！右手抱著摺好的大衣，左手提著對方雙親喜歡的牡丹餅土產，在約定時間的五分鐘後正式進入土俵！不對，這時候應該要說：「打擾了！」脫下鞋子之後要整齊地擺放在玄關。

拜訪・迎接的禮儀

一. 冬天要在玄關前先脫下大衣（A）
二. 互相問候（A、B）
三. 保管大衣（B）
四. 拿出室內拖鞋（B）
五. 脫室外鞋（A）
六. 將鞋子擺放整齊（A）

※　A 為拜訪人，B 為受訪人。

●以斜向面對受訪者的姿勢把鞋子放整齊

拜訪人整理鞋子的時，不能讓臀部面向對方，禮貌上必須斜向蹲下。

在拜訪地點的 NG 行為

時間點：早晚非常忙碌的用餐時間

致贈禮品：沒有用風呂敷或紙袋包裝

動　作：臀部面向對方

雨　天：穿著淋濕的襪子進入室內

※NG例

一定要準備禮品
進入對方家門前必須整理服裝儀容

這裡不一樣！ NIPPON 的風俗禮儀

來訪重箱部屋的訪客，停留時間都很短對吧！？在歐美，如果脫下大衣才進入 HOUSE，就表示「我會在這裡待很久！」的意思 YO。

主人帶領客人至房間

在玄關接下大衣 走在前面帶領客人

「請往這裡走。」一進入室內，就感覺師傅隨時可能會下跪，我馬上接過他手上的大衣。我試圖想緩解這份緊張感，微笑著說：「今天天氣很冷呢！」師傅反而緊張得冒汗。我平常都是走在師傅身後三步的距離，但今天卻要走在師傅前三步，帶領他前進呢！抵達雙親所在的和室後，我坐著打開紙門。沒問題的！我選擇了一個很強悍的男人。我的父母也一定會滿意的。

帶領客人時的站立位置

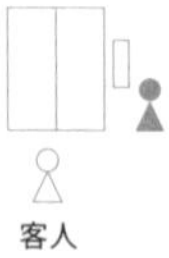

〈 電梯 〉

先搭乘電梯，按住門扉請客人進來。出電梯時則先按住門扉，請客人先走出去。

〈 走廊 〉

沿著左側牆壁，比客人還要先走二、三步。以身體斜向面對客人的姿勢，偶爾回頭看，配合客人的步伐前進。

〈 紙門（門）〉

以斜向正坐的姿勢，安靜地開闔紙門。如果是拉門，就請客人先進入室內，若是推門，就必須自己先進入室內。

〈 樓梯 〉

上樓梯時走在客人後方，下樓梯時則要走在客人前面。總而言之，不能站在比客人高的地方。

斜向面對客人並且先走二、三步
一邊出聲關心、對方一邊帶路

這裡不一樣！NIPPON 的風俗禮儀

在印度的部分區域裡，腳底被視為不潔的象徵，所以被他人看見腳底是非常 BAD 的行為。如此一來，在印度不就不能跪坐了！？

雙手致贈伴手禮
對方邀請入座才可以坐在坐墊上

贈送伴手禮

「這是當地的名產牡丹餅。我聽說您很喜歡所以特地準備。」師傅把牡丹餅從紙袋裡拿出來，並且把禮盒放在新娘雙親的正前方，再以雙手奉上。「謝謝你。來，請坐。」聽到這句話，就在對方準備的坐墊上跪坐。新娘的父親說：「請放輕鬆盤腿坐吧！」但師傅回答：「不，我就這樣坐沒關係。」今天這種日子當然要跪坐。師傅抬頭挺胸，調整呼吸，靜心等待那一刻。

致贈伴手禮的方式

一.

〈打招呼〉

坐在坐墊旁邊，把伴手禮放在下座（入口側）的位置。

二.

〈從包裝取出禮品〉

將伴手禮放在自己的正前方，包裝放在下座的位置。

三.

〈遞出禮品〉

在榻榻米上旋轉一百八十度，將伴手禮推向對方。

和室的名稱

上　座：靠近床之間的位置。
敷　居：鋪在房間與走廊分界線上的橫板。
疊　緣：榻榻米邊緣的布邊。

NG	不能踩踏敷居、榻榻米邊緣、坐墊！ 要等對方邀請入座，才能坐在坐墊上。

將紙袋或風呂敷放在下座
以跪坐的姿勢致贈伴手禮

這裡不一樣！ NIPPON 的風俗禮儀

送荷蘭人伴手禮是一大禁忌。據說連伴手禮這個字也不存在 YO。就算對他們說：「這是充滿心意的伴手禮……」荷蘭人也不會領情！

對這杯充滿款待之心的茶水
要以傳統禮儀回報感謝之意

款待茶水

「用你帶來的禮物當茶點，真是抱歉。」新娘的母親端出來的茶點，正是師傅帶過去的牡丹餅。牡丹餅上面布滿光澤亮麗的紅豆，這是一大早去排隊買來的茶點。「女兒經常買這一家的牡丹餅回來，我們都很愛吃呢！」「其實我和您的女兒，就是因為這塊牡丹餅結緣的。就像紅豆與糯米一樣，我們已經是分不開的共同體了。請允許我們結婚吧！」師傅與新娘兩人一起深深鞠躬。

上茶水的流程

一. 在托盤上放置茶杯、茶碟、茶點，並端到桌上。
二. 從上座的客人開始上茶點。
三. 順序為茶點→茶水，擺放的位置依序為左茶點、右茶水，右側邊緣放置濕手巾。
四. 在托盤上將茶杯置於茶碟，再把茶端給客人。
五. 基本上都要用雙手遞茶水。如果空間席狹窄，必須告知對方：「抱歉，我只能用單手遞茶水。」
六. 向對方說：「請用。」再把茶水遞出去。根據情形不同，也可以用眼神致意。

杯子與杯碟的用法

〈 款待者 〉
圖案必須放在客人的右手邊方向。湯匙與砂糖、奶精則放在客人的正前方。

〈 接受款待者 〉
加入砂糖與奶精攪拌之後，揩去湯匙上的水滴，將湯匙放在杯子的另一側。

● 端出茶菓子的禮儀
端出客人帶來的茶菓子時，要先說：「用你帶來的禮物當茶點，真是抱歉。」再一起享用。

杯蓋翻過來放在茶碟的右側
喝茶時左手托在茶杯下方

這裡不一樣！ NIPPON 的風俗禮儀

埃及流的倒茶方式就是要讓茶溢到茶碟上。這一點和日本的升酒很像。我最喜歡的一句日本成語就是「入境隨俗」！

訂婚是幸福的誓約

兩家的契約就是訂婚儀式
必須準備九項訂婚用品

今天是訂婚日。準備好九項訂婚禮品後，雙方家人互相見面。男方口頭表示：「請收下。」女方須迅速收下禮品並表示：「謹此收下禮品。」接著就是展示婚約紀念品以及舉辦慶賀喜宴的時候了。「在哪裡求婚的啊？」被問到這一點，兩人都臉紅了。「我成為重箱部屋的師傅之後，一直專注於培養弟子。在部屋誕生第一位關取力士的那一天，我就向她求婚了。」「而且，還是在我們兩人最喜歡的牡丹餅店前面呢！（笑）」

正式訂婚須準備的物品

禮品目錄 禮品受書	禮品目錄是由男方交給女方的禮品明細，受書則是女方交給男方的收據。	訂婚禮品	正式禮儀需要備齊九個品項（依照地區有所不同），但也有減少品項的簡略儀式。
家族書 親屬書	介紹家族成員的奉書。家族書記錄至二等親為止，親屬書則是記錄到三等親為止。	聘　　金	聘金為男方致贈給女方的婚禮準備金。金額大約在五十萬日圓～一百萬日圓左右。

〈 訂婚禮品 〉

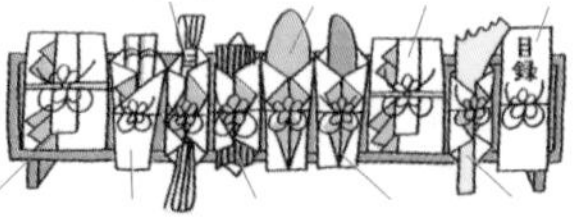

〈 訂婚的流程 〉

一．男方父親先向女方致意
二．男方致贈訂婚禮品
三．女方回禮
四．由男方父親結束儀式
※步驟三也有可能另外擇日回禮。

訂婚須準備九項用品
同時也必須展示兩人的婚約紀念品

這裡不一樣！ NIPPON 的風俗禮儀

斐濟有一種很奇怪的儀式。新郎會拿著鯨魚牙齒（自古以來就象徵財富）去向新娘的父親請求允許兩人結婚 YO！

婚宴的邀請函

收到婚宴邀請函
須在一週內回信

「這位也要邀請，那位也……」師傅想在平常受到關照的所有人面前，介紹自己一生的伴侶。想著想著，重要的人就一一浮現腦海，預計邀請的賓客急速增加。邀請函必須一張一張封口，親筆寫上姓名。送出後一週左右就會收到回覆是否出席。人在遠方腿腳不便行走的祖母來電祝賀並告知不能參加。師傅心想，等婚禮結束後再帶著新娘一起去向祖母請安。

回覆邀請函的方式

回覆的時間點： 盡早回信，最慢也要在一週以內。

若是無法出席： 致電表示無法出席，並在邀請函上寫下祝賀的話再回信。

〈 正面 〉

將收件人下面的「行」字用雙重線刪除，在旁邊寫上「様」（寄件人在回郵明信片上寫自己的名字並加上「行」，表示「寄給」某某人，因為是回寄給自己所以不能用敬稱「様」）。

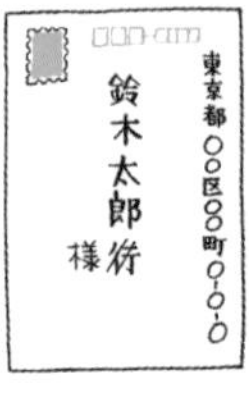

〈 背面 〉

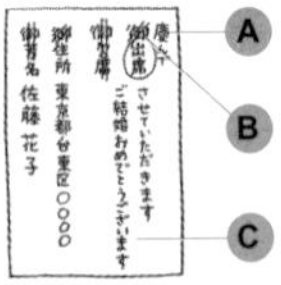

A. 加上「很榮幸（很高興）」等文字。

B. 若選擇出席，則必須以雙重線刪除「御出席」的「御」字，並把出席兩個字圈起來。「御欠席」也必須以雙重線刪除。若選擇缺席則採相反的順序。「御芳名」的「御芳」與「御住所」的「御」都要以雙重線刪除之後再填寫資料。

C. 在空白處填寫祝賀的話（若選擇缺席，也要寫上缺席原因）。

以雙重線刪除「御」字與敬稱
最好加上恭喜對方的話語

這裡不一樣！ NIPPON 的風俗禮儀

台灣的喜宴連沒有收到喜帖的人都能參加。新郎、新娘雖然都覺得：「Who are you ？」但是因為有很多人來送上祝福，所以還是很 Happy ！

莊嚴的神前式

只有當事人與家人的結婚儀式 以特別的方式宣誓婚姻

閃閃發亮。新娘身穿展現美麗光輝的白無垢禮服。身旁是穿著紋付羽織禮服，威風凜凜的師傅。在婚宴開始之前，會先舉辦兩家面對面跪坐的神前式。齋主（神官）會念誦驅邪與祝賀詞，進行各種莊嚴的儀式，師傅的表情一直都很僵硬。新娘從他的表情發現新郎十分緊張，於是悄聲說：「你就把齋主當成行司就好了！」聽到新娘這麼說，師傅便閉上眼睛想像自己站在土俵上的樣子。

神前式的座位表

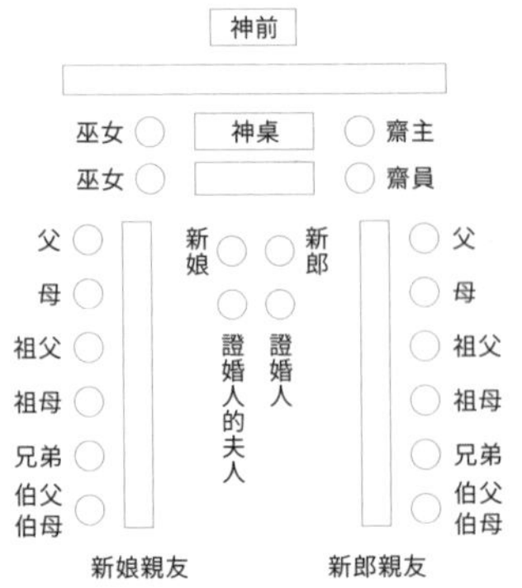

其他儀式的內容

〈基督教儀式〉

在教會是由神父或牧師主導結婚典禮。分別有天主教（只限信徒）與基督新教兩大宗派，兩者的儀式內容有所不同。很多人會選擇在與飯店或婚宴場所附屬的禮拜堂進行儀式。

〈人前式〉

這種儀式與宗教無關，所以也沒有固定形式。大多都在與婚宴相同的地點舉辦，由主持人掌控流程。進行宣誓、交換戒指、在結婚證書上簽名等儀式，讓參加儀式的人認同兩人的婚姻。

新郎身穿紋付羽織禮服
新娘則穿白無垢禮服出席

這裡不一樣！ NIPPON 的風俗禮儀

俄羅斯的習俗是在新郎媽媽準備的麵包上撒鹽，由新郎新娘兩人大口咬下，據說咬到較多麵包的人就會是一家之主，但是 Are you sure ！？

三三九度的山盟海誓

用「夫婦杯」喝神酒讓神明認可這對夫婦

「第一次、第二次沾口即止，第三次請把酒喝完。」師傅與新娘從巫女手上輪流接過夫婦杯並喝下神酒。據說是因為新郎新娘分別輪流用大中小三種尺寸的杯子喝三口酒，總共喝下九口酒，故儀式稱為三三九度，大、小杯都是依照新郎到新娘的順序喝，只有中杯是由新娘傳給新郎。將玉串（玉串是在有神明棲息的樹枝上綁紙串，是日本神道教的特有供品之一）供奉到神前，就表示是神明認可的正式夫妻了。

三三九度的做法

第一杯（小）：新郎→新娘→新郎
第二杯（中）：新娘→新郎→新娘
第三杯（大）：新郎→新娘→新郎

一．沾口即止
二．沾口即止
三．喝完

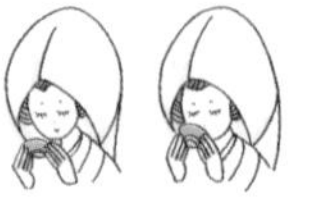

三三九度的儀式也稱為「三獻禮」，是穩固新郎新娘之間緣分的儀式。

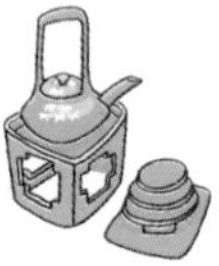

玉串奉奠的儀式

〈 儀式的目的 〉
為了對神明表達舉行儀式的感謝與祈求家庭幸福，將玉串供奉在神前。由新郎新娘一起執行儀式。

〈 玉串奉奠的流程 〉
一．在胸口的高度接下玉串。
二．將枝葉頂部朝上轉正。
三．把玉串順時針轉半圈。
四．供奉時樹枝根部朝向祭壇。

用大小不同的三個杯子
分成三次喝

這裡不一樣！ NIPPON 的風俗禮儀

幸運數字是代表調和的三，真是日本特有的風格啊！美國的幸運數字是七，中國是八，越南與泰國則是九 YO！

結婚禮金

禮金袋上要綁雙頭結
禮金袋要從袱紗袋裡拿出來

「非常恭喜兩位。」受邀的賓客們遞上禮金，負責人一一收下。穿著振袖和服、留袖和服（振袖和服是未婚女性的最高級禮服，而留袖和服則是已婚女性的最高級禮服）、洋裝的女士，以及身穿黑色西裝的男士們，在收禮金的櫃台前大排長龍。從袱紗袋裡拿出來的禮金袋堆積如山。負責收禮金的是金時。這次婚禮令師傅再次感覺到，重箱部屋竟然受到這麼多人支持。從今天開始，新娘就是師娘，成為重箱部屋的一分子。

禮金的標準

上司	三萬～五萬日圓
同事・屬下	二萬～三萬日圓
兄弟・姊妹	三萬～十萬日圓
姪子・外甥	五萬～十萬日圓
表兄弟姊妹	三萬～十萬日圓
朋友・鄰居	二萬～三萬日圓
缺席的話	出席時的三分之一～二分之一

※根據年齡不同會有所變動。

〈 禮金袋 〉

必須有裝飾紙、雙頭結的水引繩（平結、淡路結）、金額越大禮金袋的裝飾越豪華，只要注意這三點即可。

〈 袱紗袋 〉

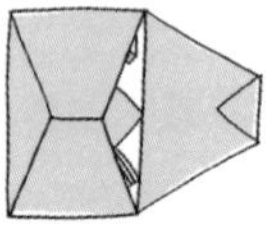

禮金袋必須包在袱紗袋裡面才是正式的做法。如果沒有袱紗袋，可以用風呂敷或大一點的手帕包起來。

鮮豔的禮金袋能夠錦上添花
正面寫上「御祝」或「壽」

這裡不一樣！ NIPPON 的風俗禮儀

據說在中國會把現金裝在「紅包」這種大紅色的禮金袋裡。內容則是和日本完全相反，金額必須是六或八的偶數。那一個才是 Good Value ？

婚宴上的換裝儀式

從白無垢到色打掛
代表融入新郎家的儀式

啪啦啪啦——師娘再度登場，會場內的掌聲此起彼落。禮服從白無垢換成色打掛了（白無垢是整身潔白的最高級禮服，而色打掛則是顏色鮮明且有金箔或是刺繡圖紋的新娘禮服）。雖然還考慮過黑振袖或十二單衣，不過最後還是選擇具有「融入新郎家」涵義的色打掛。鮮豔的顏色與圖案，再加上文金高島田的髮型。師傅終於娶到如此美麗、氣質高雅的人作為伴侶。夫妻二人在心裡下定決心，接下來一生都要握著彼此的手，度過幸福快樂的日子。

新娘的髮型

〈文金高島田〉

穿著白無垢與色打掛時最主流的髮型。這是將島田髮髻（日本傳統女性的髮型）底部，以元結繩高高捲起的髮型。

〈角隱帶〉

蓋在文金高島田髮髻上的布。無論是白無垢、色打掛皆可搭配。還有另一種棉帽裝飾，但這種只能搭配白無垢禮服。

新娘的小物

〈筥迫〉

插在胸口，具有流蘇與刺繡的裝飾品。本來是放化妝品的收納盒。

〈懷劍〉

避邪的護身符，也是裝飾品。本來是插在腰帶上的護身短刀。

〈末廣扇〉

祈求永遠幸福的扇子。必須在闔起來的狀態下攜帶。

文金高島田的髮型加上白色角隱帶
筥迫、懷劍、末廣扇等小物也是必需品

這裡不一樣！ NIPPON 的風俗禮儀

很多新娘都會穿著民族服飾。印度有紗麗、德國有田園服飾、立陶宛的刺繡服飾、墨西哥的貫頭衣……每一種都很美♥

新居建築的除穢儀式

為土地除穢
祈求工程平安順利

嘿咻嘿咻嘿咻——結婚後不久，師傅就決定改建相撲部屋了。三層樓高的建築物中，三樓是師傅與師娘的新家。向土地之神祈求平安的地鎮祭，必須一邊大聲喊一邊把圓鍬鏟入砂石堆。骨架完成之後，要舉行上棟式。從橫樑上丟下麻糬，問候鄰居，招待所有造屋的相關人員舉辦一場盛大的宴會。向神明祈求新居平安竣工、能夠發掘未知的人才，以及重箱部屋今後的繁榮發展。

地鎮祭要準備的物品

一：清酒／一升的瓶裝清酒，外面加上裝飾紙
二：米／一合（150g）洗淨後晾乾
三：鹽／一合（180g）
四：水／一合（180ml）
五：海鮮／鯛魚與昆布、魷魚乾
六：山產／數種當季水果
七：蔬菜／長在地上的蔬菜（番茄等）與長在地下的根莖類（白蘿蔔等）

初穗金：支付神官的謝禮。行情約在二萬～五萬日圓。

車馬費：若是遠道而來，通常會加上五千～一萬日圓以表達心意。

完成地基與骨架之後就要舉行上棟儀式
由屋主撒麻糬避除災禍

這裡不一樣！ NIPPON 的風俗禮儀

英國有「Topping Out」，而泰國則有「悠庫板」這種類似日本上棟式的儀式。因為都有美食可以吃，所以我最喜歡這種派對了 YO！

忙碌的搬家

淨化新家
祈求神明守護新家與家人

搬家結束之後，一大早就開始忙著淨化與入灶儀式。準備鹽・醬油・味噌，祈求衣食無缺的生活。儀式結束之後，與幫忙搬家的弟子、行司一起吃蕎麥麵慶祝入新居。下午前往視察中學相撲的全國大賽。某某國中的二年級，有一位不錯的學生。今年他一定會獲得優勝。師傅預計在今天挖角。究竟，這位學生會不會成為重箱部屋的新成員呢？

入新居的儀式

淨化	神官的除穢儀式。在行李搬進屋之前必須先打掃。
入灶儀式	搬家之後立刻用火，祈求防止火災。
鹽堆	在搬入行李之前，將鹽堆放在玄關，淨化四周。
鹽・味噌・醬油	為祈求食物豐足，調味料要最先帶進新居。

儀式不只是拜土地神而已，還會向神明祈求避災、衣食無缺。

問候鄰居

〈致贈左鄰右舍搬家蕎麥麵〉

所謂的搬家蕎麥麵，是在問候左鄰右舍時餽贈禮品，蘊含今後「長久來往」的意思。除此之外，也有另一種習俗是贈送給幫忙搬家的人。

完成淨化新居的儀式後
就要去問候左鄰右舍並發蕎麥麵

這裡不一樣！ NIPPON 的風俗禮儀

泰國慶祝入新居會請僧侶來誦經，然後在出席者的身上澆水。就像基督教的聖水、日本的鹽一樣 YO ！

外國人力士
挑戰
風俗禮儀⑥
CHALLENGE to NIPPON no Shikitari!
擦手巾
受邀到別人家，
行為舉止當然要得體，
但是額頭拼命冒汗……。
COLUMN 6
心

shikitari advice

金時的金玉良言

濕手巾是日本獨有的誠心款待文化，其功能是要讓客人把手擦乾淨。因此，把濕手巾拿來擦汗或擦嘴都是NG行為。如果要擦就用自己的手帕擦吧！另外，用濕手巾擦桌子也是很失禮的事情。尤其是在日本料亭或有吧檯座位的壽司店等重視禮制的店家，更要特別注意。

HOW TO WIPE HANDS

MATOME !

濕手巾只能擦手。汗水、髒污則用手帕

七

「歲時記」篇

一月（睦月）

其他稱呼／夷鐘・寅月・祝月・王春・開春・開端・解凍

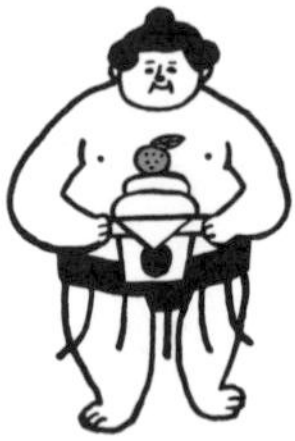

1 2 3 4 5 6 7 8 9 10 11 12 13

二十四節氣與七十二候

雪下出麥（わきわたりて むぎのびる）（1）

小寒

芹乃榮（せりすなわち さかう）（5）

水泉動（しみずあたたかを ふくむ）（10）

雜節・假日

元旦（1）

人日節（7）

以前在中國曾經有連續六天用各種動物占卜的習俗，元旦用雞、第二天用狗、第三天用羊……以此類推，第七天則是為人類卜卦的日子，因為「敬人的日子」所以被稱為「人日節」。在日本，這天會收集春天發芽的七種草，煮成七草粥吃。

成人日（第二個週一）

相撲・祭典・活動・其他

大善寺玉垂宮的鬼夜（除夕～7）

福岡久留米市

「鬼會」從除夕夜開始到一月七日，最後一天會舉辦鬼夜。此祭典起源於公元三六八年，因大臣執行仁德天皇諭令而使得百姓苦不堪言，有人在夜裡點亮火炬取下大臣首級並將之燒毀。祭典中則是把神社境內的燈火熄滅，再從神殿請出鬼火，一起點燃大火炬。此祭典為日本國家指定重要無形民俗文化財產。

風物詩

小正月（元旦～7）

從元旦到一月七日迎歲神的這段期間稱為「大正月」，祈求農作物豐收與家人健康，一直到十五日為止的這段期間則稱為「小正月」。

【粥占卜】在神社舉辦用粥占卜的活動。將摻入紅豆的白米分別倒入四十二根竹筒或蘆葦莖蒸熟，依照蘆葦莖或竹筒裡粥的樣子來占卜今年的吉凶。

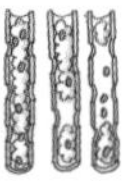

【初夢】指一月二日晚上做的夢，依照夢境的內容來占卜今年的運勢。「一富士，二老鷹，三茄子」被譽為前三大好夢。據說在枕頭下方墊著寶船的畫，就會做好夢。

雉始雊
きじはじめてなく

大寒

款冬華
ふきのはなさく

水澤腹堅
さわみずこおりつめる

※一月三十一日～二月三日左右

雞始乳
にわとりはじめてとやにつく

冬土用（到立春前為止的十八天）

每年四次當中的第一個土用丑日。相對於夏天吃鰻魚，冬土用則是食用與「未日」的「未」有諧音或紅色的食物較佳。

【紅豆粥】又稱為望粥。人們相信紅豆有驅邪的功效，除了拿來吃之外，在神社也是占卜用的工具。

每年四次的土用日

每年四次的土用日是源自中國的陰陽五行。以木．火．土．金．水展現的五行，套進春夏秋冬之後就剩下「土」，所以在季節轉換的十八天就被訂為「土用日」。

〈土用日的禁忌〉
- 不可以翻弄土壤
- 白蘿蔔不能在丑日播種子
- 不能從事需要動土的房屋改建活動

本場所（第二個週日～十五日）

東京

每年六次的本場所賽事中，因為是該年最初的本場所賽事所以也稱為「初場所」。本場所賽事於奇數月份舉行，五月．九月的地點一樣都在東京國技館。六次賽事當中，東京的賽事最常出現引退或晉級的活動，因此也獲得相撲粉絲的高度關注。

女孩舞蹈節（15）

神奈川縣三浦市

一月十五日小正月這一天，從海南神社開始，在整個三浦市三崎町舉行。其特徵為只有女性跳舞的民俗藝術。由年長的女性唱歌，五歲～十二歲的少女，穿著華麗的服裝跳舞。雖然起源不明，但目前確定在江戶時代中期的文獻就已有記載。此祭典為日本國家指定重要無形民俗文化財產。

【春天的七草】用水芹、薺菜、鼠麴草、鵝腸菜、稻槎菜、蕪菁、蘿蔔等七種草煮成粥來吃，祈求無病無災。

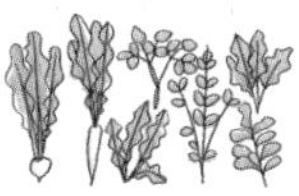

二十日正月（20）

一月二十日是結束慶祝正月的時間。據說這天一大早，正月迎來的諸神就會各自回到原來的地方。

正月的活動

日本特有的迎正月方式。透過這些活動，迎接新的一年。

初詣

迎正月，到祀奉氏神的神社或寺院參拜就是初詣。本來是除夕夜直至早晨都要待在祀奉氏神的神社中，這種稱為「年籠」的習俗後來演變成初詣。現在大多是在元日以後才到神社參拜。

初籤

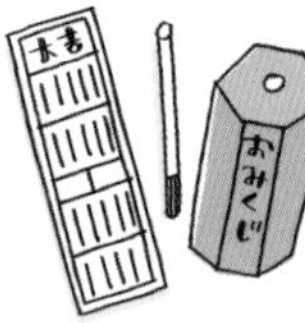

意指新年時，在神社或寺院第一次抽籤的意思。抽籤通常是抱著籤筒搖晃，然後將籤筒倒置，抽起掉出籤筒的籤。將籤上的數字告訴巫女，巫女就會從盒子裡拿出對應的籤詩。

七福神巡禮

七福神並非供奉在同一間寺廟神社當中，每一位神明皆獨立祭祀。到所有神明的所在地參拜，就稱為「七福神巡禮」，一般認為最好在一月七日前完成巡禮。抵達參拜的地點之後，請寺方蓋御朱印，收集到七福神的章就能得到神明保佑。

【七福神】「七難即滅・七福即生」七福神的信仰就是從這種滅七難、享七福開始擴展。據說在枕頭下墊著乘著七福神的寶船畫，就能在夢裡得到啟示。

干支的意義

「十干」的干與「十二支」的「支」合稱為「干支」本來是用在曆法上，「十干」表示「日」，「十二支」表示「月份」。配合木星的週期，六十年為週期。

子
子孫繁榮

丑
不屈不撓

寅
迅速果敢

卯
闔家平安

辰
光明正大

巳
專心致志

午
天真爛漫

未
溫厚篤實

申
隨機應變

酉
才色兼備

戌
勤勉正直

亥
勇猛果敢

年始

正月三日的拜年稱為「年始」。拜年時的禮物稱為「年賀」，贈禮時會寫在包裝外的襯紙上。若對方正值服喪期間，則寫上「冬季問候」。

獅子舞

民俗技藝之一，在正月或喜慶時出現。藉由戴上獅頭流暢地跳一段舞來驅退疾病與邪氣。有兩個人一組的，也有一人獨舞的型態。

壓歲錢

供奉給歲神的鏡餅，據說會殘留歲神的魂魄。敲開鏡餅，把鏡餅分成小塊，再把歲神的魂魄分給小孩子，就是壓歲錢的由來。

正月的吉祥物

日本特有的正月裝飾與食物。每項都蘊含對歲神的敬意與對家人的情感。

〈正月的飲食〉

屠蘇酒

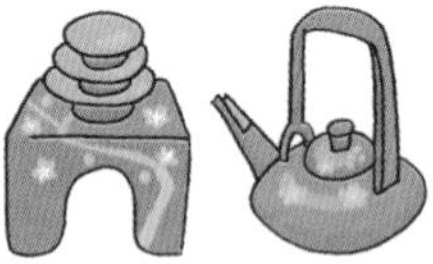

搭配桔梗與山椒、陳皮等中藥材，浸泡在酒或味醂中，就是所謂的屠蘇。為祈求無病無災，在元日早上從年少者到年長者依序飲用。酒杯有三個，分為大中小三個不同尺寸。

年菜料理

與來訪的歲神一起享用的料理就是年菜料理。種類五花八門，每一種料理都有吉祥的涵義。迎歲神的這段期間忌諱炊煮食物，所以年菜料理通常都是可以保存較久的菜餚。

雜煮

加入麻糬的湯品。京都的作法多是白味噌加上圓麻糬，並使用金時蘿蔔；千葉的作法則是使用摻有芋頭的清湯，根據地區不同味道與食材各異。本來武士的宴會上，一開始一定會端上雜煮，後來漸漸變成喜慶的食物。

祝箸

享用年菜料理時使用的筷子。中間粗，兩端細。無論從哪一邊都可以使用，具有一端是人，另一端是神在使用的涵義。另外，在筷子套上會寫著當天出席的人名。

注連繩

以稻草與苧麻為原料編成繩索。有注連繩之處會形成結界，目的在於區分神明與人存在的地方。依據神明的性別不同，編繩的方法也會改變。

玉飾

將注連繩加上裝飾後的物品。通常放在玄關的門扉上。與鏡餅相同，會以柳橙與羊齒葉裝飾。裝飾的地點會形成界線，內側就是迎歲神的神聖場所。

供品

十二月開始，迎新年的家中，就會充滿供奉給歲神的供品。以前的人藉由誠心款待供品，祈求五穀豐收。

門松

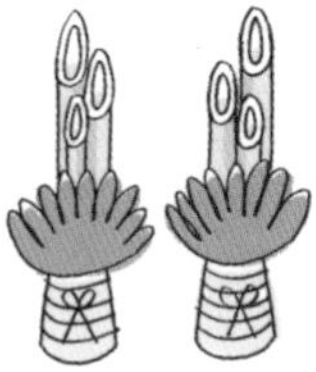

裝飾在玄關前的門松，是迎歲神的第一個指標。生命力旺盛的松木，被認為是祭祀時最適合神明棲息的樹木。圍繞著松木聳立的是竹子。主流的造型是斜切竹筒。門松通常會裝飾到十五日燒除為止。另外，結束裝飾這件事稱為「拂松」或「松上」。

鏡餅

供奉給歲神的圓扁麻糬。鏡餅的擺放方法是在三方台上，鋪好羊齒葉與四方紅（邊緣為紅色的正方形白紙）再放上鏡餅，在最頂端裝飾柳橙。根據地區不同，有些地方會在柳橙與鏡餅中間夾著串柿（成串的柿子）或者昆布。羊齒葉象徵夫婦圓滿，四方紅象徵繁榮，柳橙象徵家族千秋萬代，各有其涵義。

〈正月的裝飾〉

繪馬

源自從前向神明供奉馬匹的禮儀，無法供奉馬匹的人，就在畫有馬匹的紙上寫下願望。現代除了馬以外，還會畫上梅花或干支等吉祥的圖案。

招財貓

左右其中一邊的前足會舉起，形成招手姿勢的貓飾品。據說右手招財、左手招客，大多放在商店裡，祈求生意興隆。

達摩不倒翁

以禪宗的開山祖師達摩大師為雛形的不倒翁。點上左眼的瞳孔並許願，一年後若達成願望或平安無事就點上右眼再行焚燒。

串柿

使用青曾柿，以五顆或十顆柿子橫向刺成一串。具有「幸福」、「和睦」的意義，可祈求「家庭圓滿」。

繭玉・餅花

將麻糬搓圓，用柳枝刺成一串稱為「餅花」。繭玉是餅花的一種，養蠶的人會製作繭花以祈求豐收。

破魔箭

原本是贈送給在正月誕生男孩的家庭。蘊含射下一年份幸運的意義，後來成為吉祥物並廣為流傳，轉變成神龕或玄關的裝飾。

尊燒

小正月時，會用竹子或稻草搭起名為尊屋的小屋，將門松與注連繩、正月的飾品放入小屋中焚燒。藉由焚燒正月的飾品，讓元旦迎來的歲神能夠乘火歸去。人們自古以來就相信火具有淨化穢氣的效果。

初書

新年開筆，以毛筆書寫詩歌或繪畫，約在元旦至年初二進行。大多數人會用四個字展望今年的抱負。

正月的遊戲

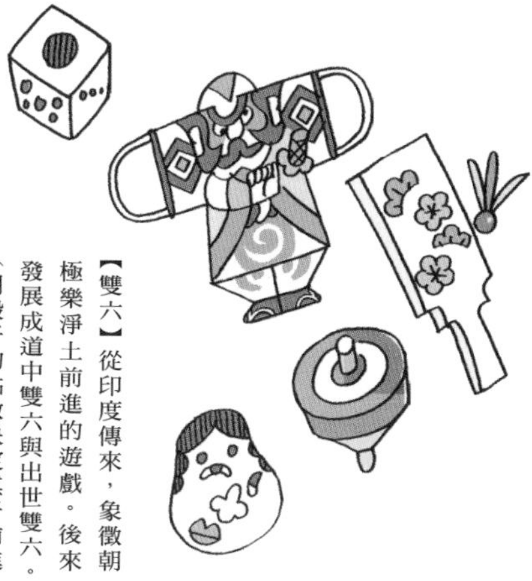

【陀螺】將陀螺打在地板上，讓兩顆陀螺互鬥。其旋轉的樣子，象徵「財運滾滾來」。

【風箏】為祈求健康成長，藉由乘著風箏高高飛上天空而實現願望。

【雙六】從印度傳來，象徵朝極樂淨土前進的遊戲。後來發展成道中雙六與出世雙六。（用骰子的點數決定棋子前進速度的傳統遊戲）

【板羽球】象徵拍掉整年厄運的遊戲。會使用無患子的果實做成毽子。

【福笑臉】蒙眼，在空白的臉上排列眼或鼻等部位。看著排出來的怪臉大笑，可招來福氣。

二月（如月）

其他稱呼／為如・殷春・卯月・梅早月・梅津早月

1 2 3 4 5 6 7 8 9 10 11 12 13

二十四節氣與七十二候

立春

東風解凍（はるかぜこおりをとく）

黃鶯睍睆（こうおうけんかん）

雜節・假日

節分（3）

「鬼在外！福在內！」邊喊邊將淨化過的豆子丟出去，節分這天是驅鬼的日子。吃下虛歲數量的豆子以祈求無病無災。節分本來是指季節的交界，立春・立夏・立秋・立冬的前一天都稱為節分。

【節分套裝商品】到了一月下旬，商店就會販賣鬼面具以及節分豆的組合商品。有時也會加上惠方卷。

建國紀念日（11）

相撲・祭典・活動・其他

初午（二月上旬）

全國

二月第一個午日稱為「初午」。傳說在奈良時代，公元七一一年初午那天，供奉在伏見稻荷大社的神明降臨在伊奈利山，因此開始在全國的稻荷神社舉辦祭典。因為是祭祀稻之神的神社，所以有很多人前往祈求生意興隆或五穀豐收。

【鳥居與稻荷神社】在京都的伏見稻荷大社可以看到上千座鳥居。因為從江戶時代以後，開始出現實現願望就要供奉鳥居作為回禮的習俗。

風物詩

惠方卷

朝著該年的吉位，默默吃下包含自己願望的壽司，據說吃完一整條就表示願望能夠實現，或者能夠度過無病無災的一年。惠方指歲神所在的方向，用中國式的十干表示二十四個方位。每年的方位都會有所改變。

事始（二月八日左右）

到了二月，結束迎歲神的正月活動，人們開始回到嶄新的日常生活，這段期間就稱謂「事始」。煮一種名為「事汁」的味噌湯，並搭配以芋頭與牛蒡等根莖類蔬菜為主的餐點。因為都在二月八日左右舉行，所以也稱為「事八日」。

14 15 16 17 18 19 20 21 22 23 24 25 26 27 28

魚上氷（うおこおりをいずる）

雨水

土脈潤起（つちのしょう うるおいおこる）

霞始靆（かすみはじめてたなびく）

梅花祭（下旬）

二月下旬開始，梅花就會盛開。日本各地都會舉辦欣賞梅花的「梅花祭」。與家人、朋友一起欣賞櫻花的活動不同，梅花祭通常由地方政府或企業主辦，習俗上會以太鼓等表演揭開序幕，讓觀眾與主辦單位融為一體，一起感受慶典。

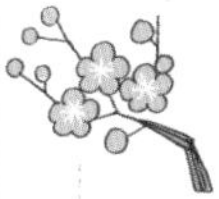

【梅花】過去在日本只要說到「花」就是指「梅花」。對日本人而言，與梅花的交情比櫻花更久遠。

西大寺會陽　裸身祭（第三個週六）

岡山縣岡山市

一五一〇年，寺方提供信徒護身符，結果太多人想要，最後大家脫光衣服搶奪，據說這就是祭典的起源。在每年在二月的第三個週六舉行，祭典上會聚集數千名男性，互相搶奪從聖木丟下來的護身符。成功搶到的人就是福男，能夠度過幸福的一年。此祭典為日本國家指定重要無形民俗文化財產。

相撲部屋練習・活動（二月中）

初場所最後一天的千秋樂結束，大約休息一週後，再度恢復練習。到了二月下旬，就會開始為了三月的大阪賽事進行練習。每個相撲部屋都會安排練習的行程，而且大多數的相撲部屋都可以開放參觀，因此很多粉絲會去參觀早上的練習。

春一番（立春~春分）

指該年第一次吹拂的強勁南風。立春到春分之間吹的南風，而且和前幾天比起來氣溫突然大幅上升，只要符合這些條件就可以稱為春一番。吹起春一番的這天會融雪，令人瞬間感覺到春天來臨，但是之後馬上又會回冷。

雪間草

尚有殘雪時，雪堆中露出新綠的草。

凍解

冰凍的大地開始回春，土地融化變得鬆軟。

三月（彌生）

其他稱呼／弥生・彌生・雩雲・鶯亂啼・嘉月・佳月・花月

1 2 3 4 5 6 7 8 9 10 11 12 13

二十四節氣與七十二候

草木萌動（そうもくめばえいずる）

驚蟄

蟄蟲啓戶（すごもりむしとをひらく）

桃始笑（ももはじめてさく）

雜節・假日

桃花節（3）

又稱為「上巳節」。原本是為了驅除身上的邪氣，而將「型代」這種紙人投入河川，這種習俗最後轉變成裝飾人偶，祈求女孩健康幸福的慶祝儀式。據說越早收拾人偶越好，所以通常都在驚蟄左右就會將人偶收起來。

【女兒節的食物】三種顏色的菱形糕餅，粉紅色米餅代表桃花盛開的春日、白色米餅代表降雪的冬日，除此之外還有驅邪的白酒。

相撲・祭典・活動・其他

祭頭祭（三月十日左右）

茨城縣鹿島市

起源於奈良時代，後來根據時代不同祭祀內容有所變化，到了明治時期已經轉變成祈求五穀豐收的「祈年祭」。另外，也象徵「新的開始」。一群人穿著鮮豔的祭衣，手持櫟木棒朝中央傾斜組成圓錐狀，向神明供奉樂舞。每年舉辦日期都不一樣，大約會訂在三月十日左右。為日本國家指定重要無形民俗文化財產。

風物詩

磯口開

冬天為了讓海藻與貝類生長會防止濫捕禁止魚撈，此時則得以解禁。解禁期間有可能很短，海邊會變得像舉辦祭典一樣熱鬧。解禁日當天大家會一起去捕海膽與海帶芽等水產。也稱為「開磯口」。

殘雪（三月上旬）

即使到了春天，也會戀戀不捨似地降下白雪。關東地區以南在三月上旬下雪時，就會稱為「殘雪」。

14 15 16 17 18 19 20 21 22 23 24 25 26 27 28 29 30 31

春分

菜蟲化蝶
なむしちょうとなる

雀始巢
すずめはじめてすくう

櫻始開
さくらはじめてひらく

春分（21）

指太陽黃經歸零，太陽夾在正中間，日出與日落時間長短相同的這一天。櫻花開得越來越顯眼，是真正令人感受到春天來臨的日子。

【彼岸日】指春分的前後三天。佛教認為西方有極樂淨土（＝彼岸）。太陽從正東方沉入正西方的這段期間，這個世界與彼岸的距離會變得相同，也就是這段期間與祖先之間的距離最近。因此衍生出在這段時間掃墓的習慣。

本場所（第二個週日～十五日）

大阪

三月第二個週六隔天的週日，會在大阪舉行比賽。因此稱為大阪場所、春場所。賽事總共連續十五天。每年會有六場本場所的賽事，但在大阪舉辦的只有三月這一場。甚至有「狂野的春場所」這種別名，大阪觀眾的豐富性格讓相撲比賽更加狂熱。

畢業季

三月是畢業季。為了替畢業生加油打氣，或者讓送別的人也能開朗地送走畢業生，家人或朋友會致贈花束或在新旅程上會用到的禮物，並以言語鼓勵畢業生，這些都稱為餞別。

【餞別禮】對於離職或搬家等要前往遠方的人，會致贈包裝好的禮金或禮品。

東風（春）

春天會吹起東風。因為緩和了寒氣，所以自古以來被日本人當作是招來春天的風。東風通常會伴隨著雨水。在日本各地有各種不同的稱呼，瀨戶內海地區稱為「雲雀東風」，而九州地區則稱為「雨東風」，稱呼會因為當地風土或不同時期而改變。

四月（卯月）

其他稱呼／維夏・畏月・畏日・陰月・四月

1 2 3 4 5 6 7 8 9 10 11 12 13

二十四節氣與七十二候

雷乃發聲（かみなりすなわちこえをはっす）

清明

玄鳥至（つばめきたる）

鴻雁北（こうがんかえる）

雜節・假日

清明（5）

清淨明潔的略稱。指春分到土用日的這一段時間。表示沉睡的草木甦醒，因為重回晴朗的日子而喜悅。

花祭（8）

慶祝釋迦牟尼佛誕辰。在花草圍繞的「花御堂」中，將甘茶淋在灌佛桶裡的誕生佛像上表示慶祝。因為同時也是農業活動開始的時間，所以也會用花祭的名義來祭祀山神。

相撲・祭典・活動・其他

春巡業（四月上旬～下旬）

春場所賽事之後的巡迴比賽稱為「春巡業」。從近畿地區開始，一直到中部、關東地區。巡迴時會有公開練習或與當地兒童練習、粉絲握手會、簽名會等許多宣傳相撲的活動。總人數將近三百人的相撲力士，都會一起行動。

風物詩

賞花（四月上旬）

櫻花最具代表性品種「染井吉野櫻」到了盛開的時期，人們就會聚集在櫻花樹下大擺宴席。染井吉野櫻的開花時間大約只有短短二週，因此為了欣賞盛開的景象總是聚集滿滿人潮。慶祝迎接新生活的歡迎會也會在這個時候舉辦。櫻花如今已經是聞名世界的日本國花。從前因為櫻花華麗盛開之後，宛如虛幻夢境般散落的特性，曾經深受武士喜愛。

15 16 17 18 19 20 21 22 23 24 25 26 27 28 29 30

穀雨

虹始見（にじはじめてあらわる）

葭始生（あしはじめてしょうず）

霜止出苗（しもやみてなえいずる）

牡丹華（ぼたんはなさく）

春土用（四月十六日左右）

立夏前的十八天稱為春土用。因為這段時間有土地之神、土公神鎮守，所以忌諱翻動土壤。此時可吃一些蜂斗菜或楤木芽等能夠感受到春意的食物，以累積活力。

穀雨（20）

指告知初夏到來的雨。為了讓春天萌芽的花草繼續長大，蘊含對五穀成長的期待而降下穀雨。也被認為是祈求農作物結實纍纍的雨水。

【春雨的種類】春雨／清爽溫柔的細雨。虎雨／一位失去愛人，名為虎御前的妓女，因為太傷心而流下的眼淚變成雨水。催花雨／彷彿在催促那些到了春天卻還沒開的花說：「快開花吧！開花吧！」

昭和日（29）

高山祭的神轎活動（14～15）

岐阜縣高山市

起源於十六世紀後半到十七世紀，分為春天的「山王祭」與秋天的「八幡祭」兩種。山王祭是日枝神社的例行祭典，在每年的四月十四、十五日舉行。總共有十二棟充滿豪華雕刻的神轎，伴隨穿著傳統服飾的數百名人員在街上遊行。此祭典為日本國家指定重要無形民俗文化財產。

入學・新人進入公司的時期

這是入學或就職等迎接新生活的時期。企業或機關大多會在四月一日舉辦入社儀式，入學式則在四月上旬，日期依學校有所不同。親友致贈入學、就職的禮物，慶祝畢業生邁向新生活。除此之外，也有很多人選擇在這個時期換工作，在新的地方重新開始。

花曇

指在櫻花盛開時可以見到的模糊不清的天空。指的並不是像積雨雲那麼厚的雲，而是被一層薄薄雲霧覆蓋的天空。

山笑

春天降臨，沉睡的山林綠意與花朵漸漸萌芽，那充滿朝氣的樣子被比喻為「笑容」。

花明

「花」指的是櫻花。入夜之後就算周圍被黑暗吞噬，盛開的櫻花周圍也會透著一層朦朧的光。這是讚頌櫻花特有的神祕魅力與美感的詞彙。

五月（皐月）

其他稱呼／惡月・菖蒲月・畏景・五色月・稻苗月

二十四節氣與七十二候

立夏

蛙始鳴（かわずはじめてなく）

蚯蚓出（みみずいずる）

雜節・假日

八十八夜（五月一日～二日左右）

憲法紀念日（3）

綠之日（4）

端午節（5）

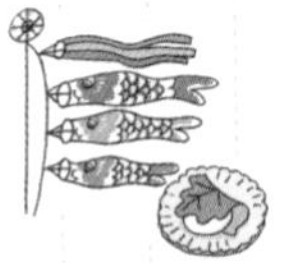

立夏（6）

告知大家夏天來臨的日子。此時濕度不高，天氣持續晴朗，宜人的涼風吹來，連肌膚都感受到夏天的腳步，接下來就要準備迎接真正的夏天了。

相撲・祭典・活動・其他

本場所（第二個週日～十五日）

東京

夏場所的賽事。在東京的兩國國技館舉辦為期十五天的相撲大賽。八點半左右就會以寄太鼓的鼓聲為開始的信號，約莫九點左右序口力士等未來將會支撐相撲界的年輕力士就會開始對戰。兩國國技館是相撲的根據地，觀眾可以在此地看到正統的比賽。

風物詩

菖蒲

端午節使用的菖蒲並非鳶尾科的花菖蒲，而是天南星科的菖蒲。菖蒲是男兒節的吉祥物之一，用菖蒲水泡澡，或者依地區不同也會把菖蒲掛在屋頂上裝飾。

31 30 29 28 27 26 25 24 23 22 21 20 19 18 17 16 15 1

小滿

竹笋生
たけのこしょうず

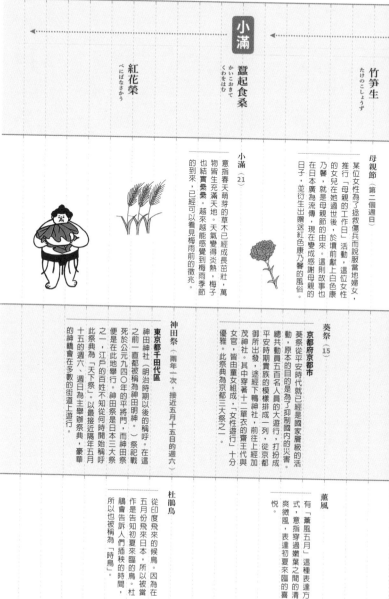

蠶起食桑
かいこおきてくわをはむ

紅花榮
べにばなさかう

母親節（第二個週日）

某位女性為了拯救傷兵而說服當地婦女，推行「母親的工作日」活動，這位女性的女兒在她過世後，於墳前獻上白色康乃馨，就是母親節的由來。這則故事也在日本廣為流傳，現在變成感謝母親的日子，並衍生出贈送紅色康乃馨的風俗。

小滿（21）

意指春天萌芽的草木已經成長茁壯，萬物皆生充滿天地。天氣變得炎熱，梅子也結實纍纍。越來越能感覺到梅雨季節的到來，已經可以看見梅雨前的徵兆。

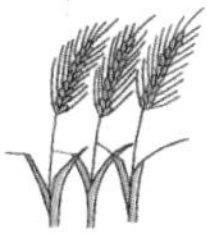

葵祭（15）

京都府京都市

葵祭從平安時代就已經是國家層級的活動，原本的目的是為了抑制國內的災害。總共動員五百名人員的大遊行，打扮成平安時期貴族的模樣排成一列，從京都御所出發，途經下鴨神社，前往上經加茂神社。其中穿著十二單衣的齋王代與女官，皆由童女組成，「女性遊行」十分優雅。此祭典為京都三大祭之一。

神田祭（兩年一次，接近五月十五日的週六）

東京都千田代區

神田神社（明治時期以後的稱呼。在這之前一直都被稱為神田明神。）祭祀戰死於公元九四〇年的平將門，而神田祭便是在此地舉行。神田祭是日本三大祭之一，江戶的百姓不知從何時開始稱呼此祭典為「天下祭」。以最接近隔年五月十五的週六、週日為主舉辦祭典，豪華的神轎會在多數的街道上遊行。

薰風

有「薰風五月」這種表達方式，意指穿過嫩葉之間的清爽微風，表達初夏來臨的喜悅。

杜鵑鳥

從印度飛來的候鳥。因為在五月份飛來日本，所以被當作是告知初夏來臨的鳥。杜鵑會告訴人們插秧的時間，所以也被稱為「時鳥」。

六月（水無月）

其他稱呼／葵月・青水無月・彌涼暮月・永夏・炎陽・大六月

1 2 3 4 5 6 7 8 9 10 11 12

二十四節氣與七十二候

麥秋至（むぎのときいたる）

芒種

螳螂生（かまきりしょうず）

腐草為螢（くされたるくさほたるとなる）

雜節・假日

更衣（六月一日左右）

這個時期氣溫與濕度都漸漸升高，學校或公司行號等機關，有使用制服的地方都會開始從長袖換穿短袖。也有人會在家裡將衣服換季。

芒種（六月六日左右）

水稻開始種植的日子。下起雨的季節，稻子吸收了滿滿的營養，祈求健康的長大。

入梅（六月十日左右）

此時很難預測天氣，因為期待能夠知道梅雨何時到來，所以訂出六月十日左右的日期。除此之外，梅雨也有在梅子成熟時降雨的意思。

相撲・祭典・活動・其他

相撲練習（六月中）

本場所賽事開始前兩週會公布等級表，並開始相撲練習。練習可開放參觀，所以只有這個時間點可以近距離看到超過一百公斤以上的力士互相衝撞。力士彼此會像正式比賽一樣報上姓名，獲勝的力士留在土俵上，等下一位力士站上土俵再進行比賽。

風物詩

五月晴

在雨下個不行的梅雨季節裡，突然出現晴朗的天氣。因為是在農曆五月見到宛如初夏的天氣，所以才有這個稱呼，不過新曆仍然是在六月。趕走總是下雨的陰鬱氣氛，傳遞開朗情緒的天氣，廣受人們歡迎。

30 29 28 27 26 25 24 23 22 21 20 19 18 17 16 15 14

梅子黃（うめのみきばむ）

夏至

乃東枯（なつかれくさかるる）

菖蒲華（あやめはなさく）

父親節（第三個週日）

父親節據說源自於某位女性在教會禮拜時，讚頌父親一手養大包含自己在內共六名孩子並且說：「就像有母親節一樣，應該也要有感謝父親的節日」。因為這名父親生於六月，所以將父親節訂在這個時間。

夏至（六月二十一日左右）

一年當中白天最長的一天。以這天為界線，夏天將要正式來臨。一年當中的關鍵夏至，在世界各地也扮演非常重要的角色，甚至有國家會舉辦夏至祭典。

夏季除穢（六月底）

六月的晦日剛好是上半年結束的時候。為了自行除穢，必須在紙人上寫下自己的姓名，撫摸紙人並且吹氣，將身上的穢氣轉移到紙人身上，藉此得到淨化。完成之後還要穿過茅草做成的圓環才算完成。以前必須泡在河川裡淨身，為了能夠無憂無慮度過剩下的半年而做好準備。

山王祭（兩年一次，六月中旬左右）

東京都千代田區

這是從德川家光開始，歷代將軍都會參加的祭典。隔年六月舉行。在日枝神社境內，會有江戶時代的傳統音樂與品茶、賞花等活動，市中心則會有祭禮遊行，宛如穿越時空回到江戶時代一樣。山王祭與神田祭一樣，都被稱為「天下祭」。

祈禱豐年（六月中）

全國

六月是日本各地插秧的時期。自古以來各地都會在這段期間舉辦祈求豐收的祭典。譬如被指定為國家重要無形民俗文化財產的廣島縣山縣郡北廣島町的「壬生花田植」活動，女性穿著和服綁起袖子，在斗笠上覆蓋圓點圖案的擦手巾一齊插秧。與裝飾好的牛一同演出華麗的田園風景畫。

梅仕事

從青梅開始轉熟的時節開始，使用梅子手工製作各種食品的工作統稱為「梅仕事」。除了釀梅酒與梅干之外，還會製作梅子味噌、梅子醋、梅精等食品。每種都是保存期間很長，適合作為乾糧或防止感冒的食品，大多都會做好保存一段時間。

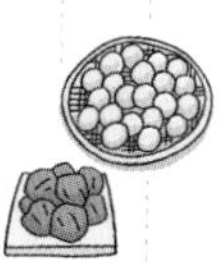

賞螢火蟲

燈光較暗的地方，可以到河邊觀賞螢火蟲。小小的黃綠色光點飛舞在空中，是非常受歡迎的夏季景色。

南風

出現在夏天的季風，由南方吹來。具有告知天氣變化的功能。

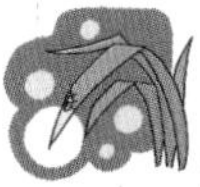

七月（文月）

其他稱呼／相月・初秋月・夷則・歌見月・女郎花月

1 2 3 4 5 6 7 8 9 10 11 12 13

二十四節氣與七十二候

半夏生 はんげしょうず

小暑

溫風至 あつかぜいたる

蓮始開 はすはじめてひらく

雜節・假日

半夏生（1）

這是表示梅雨結束的詞彙，在這段期間，農忙告一段落，所以也有農家休息日的涵義。以前人們認為半夏生這天會降下毒氣，所以應該避免外出，而且也不吃這天摘採的蔬菜，透過這些方法來避免接觸毒氣。

七夕（7）

牛郎與織女每年會穿越銀河相聚一次，這就是七夕的故事。日本神話中具有「為神明織衣的仙女」涵義的「織女」與中國的七夕傳說融合，故稱為「七夕」。

相撲・祭典・活動・其他

本場所（第二個週日～十五日）

名古屋

七月的本場所賽事於名古屋舉行。彷彿要配合夏季的猛烈熱氣一般，對戰也十分火熱。在東京，力士大多於相撲部屋內訓練，而名古屋卻是在屋外的土俵，因此剛開始對相撲有興趣的人也能輕鬆觀賞。

風物詩

鬼燈草

花謝之後會伸出六角形的花萼包住果實，整體呈現袋狀，轉熟之後為橘色。

夏季問候（七月中旬～立秋）

指七月中旬到立秋前寄出的問候明信片。明信片上會寫著「一起努力撐過炙熱的夏天吧！」這種互相勉勵對方的問候。

31 30 29 28 27 26 25 24 23 22 21 20 19 18 17 16 15 1

鷹乃學習

たかすなわち がくしゅうす

大暑

桐始結花

きりはじめて はなをむすぶ

土潤溽暑

つちうるおうて むしあつし

海之日（第三個週一）

夏土用（19）

【土用的養生飲食】夏天越來越熱，很多人都會在這時候生病，所以才會出現「多吃補充精力的食物，才能撐過夏季。」這種土用養生飲食的說法。

大暑（七月二十三日左右）

為了度過炎炎夏日，孩子們開始放暑假。也是在這個時期開始聽得見蟬鳴。熱鬧的音樂，響徹整個城鎮。

那智的扇祭（14）

和歌山縣東牟婁郡那智勝浦町

大約在一七〇〇年前，人們將熊野的諸神遷往熊野那智大社，這就是祭典的起源。於七月十四日舉辦，通稱為「那智火祭」。因為祭典的高潮就是在大火把上點火，藉著火花四散淨化邪氣的「御火行事」，故有火祭之稱。此祭典為日本國家指定重要無形民俗文化財產。

祇園祭（七月中）

京都府京都市

祭典起源於公元八六九年，日本各地流行傳染病，因此人們祭祀祇園之神、奉獻神轎，以祈求除去災厄。以八坂神社為中心，從七月一日到三十一日舉行祭典，有山鉾遊行、提燈遊行、神轎等各種精彩活動連續一個月。為日本三大祭典之一，也是日本國家指定重要無形民俗文化財產。

中元贈禮（七月上旬～中旬）

七月上旬到中旬的這段期間（以關東地區為例）必須餽贈平時關照自己的人酒品或當季食品等禮物。這項習俗源自於中國以贈送伴手禮來消滅自己罪過的「上元」、「中元」、「下元」等詞彙，但在日本則演變成懷抱感謝之心餽贈禮品的習慣。

蟬時雨

用蟬爬出地面，同時到處發出蟬鳴的樣子來形容滴滴答答的時雨。「時雨」指的是短暫降雨又停止的意思，因為很像蟬鳴的方式所以得名。

八月（葉月）

其他稱呼／秋風月・燕去・燕去月・燕月・王秋・桂月

1 2 3 4 5 6 7 8 9 10 11 12 13

二十四節氣與七十二候

大雨時行 たいうときどきふる

立秋

涼風至 すずかぜいたる

寒蟬鳴 ひぐらしなく

雜節・假日

八朔（八月一日左右）

早稻的稻穗也是「初次結實的稻穗」，在農家有將這種稻穗送給恩人的習俗。又稱為「田實節」、「祝田實」，因為發音「TANOMI」與「依賴」同音，所以轉變成對平時關照自己的人表達感謝之意、餽贈禮品的日子。另外，八朔雖然在新曆的八月下旬到九月這段期間，但也有些地方仍然維持在農曆的八月一日舉辦活動。

立秋（8）

表示秋天來臨的日子。雖然暑氣仍盛，但早晨的氣溫已經降低，蟬鳴也減少了，可以感覺到夏天的尾聲。

山之日（11）

相撲・祭典・活動・其他

青森佞武多祭（2~7）

青森縣青森市

據說是從七夕祭典的放水燈演變而來，起源不明。彩繪著武士等圖案、被稱為佞武多的大燈籠，需耗費一年的時間製作，人們圍繞著燈籠搭配傳統音樂喊聲，邊跳舞邊前進。每年八月二日到七日舉辦，甚至還有佞武多的表揚會。此祭典為日本國家指定重要無形民俗文化財產。

風物詩

解夏

夏季來臨，昆蟲與蛇等動物開始爬出地面。為了抑制殺死昆蟲等殺生的行為，僧侶會聚集在一處避免外出，這就是所謂的「安居」。安居結束則稱為「解夏」。又稱為「夏解」。

拂暑氣

意指在暑氣蒸騰的夏日，吃一些可以從體內緩和、冷卻燥熱的食物或飲料，拂去體內累積的火氣。

14 15 16 17 18 19 20 21 22 23 24 25 26 27 28 29 30 31

蒙霧升降
ふかききりまとう

處暑

綿柎開
わたのはなしべひらく

天地始肅
てんちはじめてさむし

盂蘭盆節（13～16）

【盂蘭盆舞】各地舉辦的盂蘭盆舞大會。大多會在公園中央搭起瞭望台，人們繞著瞭望台跳舞，但也有排成一列邊跳邊前進的形式。這是為了供養亡者而舉行的祭典。

處暑（23）

處暑意味著夏季的炎熱漸漸收斂。告別熱鬧的夏祭，準備迎接即將到來的秋季。暑假也快接近尾聲，孩子們即將慌慌張張地迎接新學期的到來。

二百十日（31）

夏巡業（上旬～下旬）

相對於在奇數月份舉辦的本場所賽事，地方巡迴賽則在偶數月舉行。巡迴賽當中，夏巡業是時間為期最長的。十兩以上的力士都會參加巡業。不同於本場所賽事，地方巡迴因為具有宣傳推廣相撲比賽的意義，所以會以饒富趣味的方式介紹相撲犯規招式的「初切」以及傳統音樂「相撲甚句」等特別表演來娛樂觀眾。

阿波舞（八月中）

德島縣德島市等城鎮

盂蘭盆舞之一的阿波舞雖然在日本各地都有，但唯獨在德島縣舉辦的阿波舞大會具有四百年的悠久歷史，規模也最大。穿著和服或和式外套的舞者，持續搭配傳統音樂跳著固定的舞步。德島縣內各地也都會舉辦阿波舞大會，但八月十二日到十五日在德島市內舉辦的大會最為熱鬧。

空蟬

意指蟬褪下的殼。蟬開始鳴叫的時候，會看到蟬殼依附在樹葉背面或者樹幹上，也有些會掉落至地面。雖然還保留著蟬的樣貌，但中間已經空空如也，因此在和歌中通常用來比喻「虛幻」、「無心」的意思。

盂蘭盆節的活動

迎祖先、送故人的夏季活動。在八月十三日～十六日期間舉行。

迎火・送火

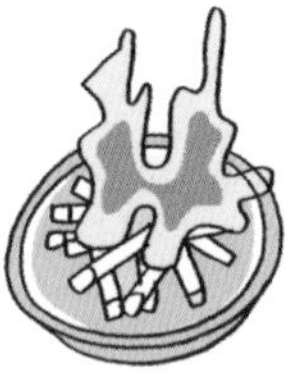

盂蘭盆節迎祖先稱為「迎火」，送祖先稱為「送火」。點火的方式有在玄關點燈籠、在素燒陶的盤子上點燃「麻桿」等各種不同做法。意思是要用這些火來招待祖先。

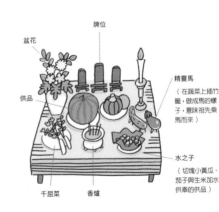

草市

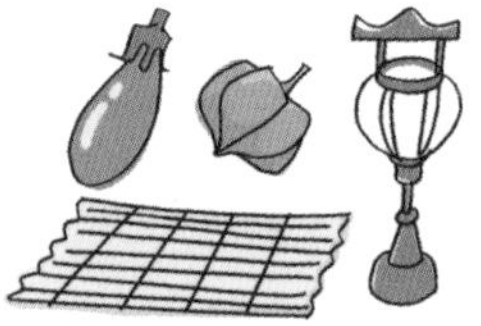

以前接近盂蘭盆節就會舉辦販售相關產品的「盆市」。現在轉變為「草市」，除了販售鬼燈草、草蓆等盂蘭盆節的裝飾品以外，有廟會的日子也會擺攤，宛如慶典一樣熱鬧。

盂蘭盆裝飾・精靈棚

盂蘭盆節時祖先會回家。為了招待祖先，必須將祭祀用的精靈棚整理得漂亮整潔，這就是「盂蘭盆裝飾」。盂蘭盆裝飾會用一種名為真菰的稻梗編織物當作舖墊。據說釋迦牟尼佛曾經在真菰舖墊上治療病人。

在桌上舖真菰，裝飾追思祖先的物品

掃墓的禮節

掃墓就是到祖先長眠的墓地去問候祖先。一邊追思祖先一邊報告家人平安，向祖先祈求接下來也能健康平安。

一.

打掃周遭

清除落葉等墓碑附近的雜物。

二.

清理墓碑

可準備水桶・長柄杓・棕刷等等仔細清理墓碑。

三.

供花・供品

供奉花朵、故人生前喜愛的東西。

四.

上香・合掌

點線香，合掌之後用手搧滅火苗。

五.

帶回供品

為了防止野鳥等動物侵襲，供品必須帶回家。

放水燈

為了送走盂蘭盆節回到家中的祖先，必須放水燈。點亮燈籠，祭祀供品之後放流至河川或海中。在長崎有放水船的「精靈流」習俗。

煙火

煙火是夏季的風物詩，在夜空裡綻放。歷史最悠久的東京隅田川煙火大會，是從弔念江戶時代大饑荒死去的亡者衍生而來。

回娘家

過去在商家當學徒的人或者出嫁的女兒可以回娘家的日子稱為「藪入」。正月與盂蘭盆節各有一次，七月份的藪入就稱為「後藪入」。

九月（長月）

其他稱呼／戌月・色染月・色取月・詠月・小田刈月・貫月

1 2 3 4 5 6 7 8 9 10 11 12 13

二十四節氣與七十二候

禾乃登（こくものすなわちみのる）

草露白（くさのつゆしろし）

白露

鶺鴒鳴（せきれいなく）

雜節・假日

重陽節（9）

重陽節與一月七草、三月桃花、五月端午、七月七夕並稱為五大節日。又稱為「菊花節」，是使用象徵長壽的菊花，祈求長壽不老的日子。因為與農作物收成的時期重疊，所以也暱稱為栗子節，在這天會吃食用菊花與栗子敬祝。

相撲・祭典・活動・其他

大藁盆祭（1～3）

富山縣富山市

公元一七〇二年，鎮民取回加賀藩頒發的「建築物建造許可函」後，為了慶祝這件大事而在鎮內遊行，後來演變成祭典。每年從九月一日到三日，由各鄉鎮自行舉辦。穿著和服的男男女女配合歌聲跳舞的優雅模樣，深深吸引前來觀賞的民衆。

風物詩

無色風

明明沒有風，卻飄盪著一股寂寥的氛圍，這就是「無色風」。原本是源自中國的五行思想，將秋天稱為「白秋」，「白」又等於「無色」，所以就變成「無色風」了。在俳句中是秋天的季節語之一。

蟲時雨

用秋天夜裡昆蟲突然一起放聲鳴叫的樣子來形容時雨。蟋蟀與紡織娘等昆蟲，在夜裡會發出細小而尖銳的叫聲，營造秋夜的沁涼感，具有療癒聽者的效果。

30 29 28 27 26 25 24 23 22 21 20 19 18 17 16 15 14

玄鳥去（つばめさる）

秋分

雷乃收聲（かみなりすなわちこえをおさむ）

蟄蟲壞戶（むしかくれてとをふさぐ）

敬老日（第三個週一）

日本自古就有「奶奶的智慧」、「薑是老的辣」等尊敬年長者的習慣。「敬老日」就是源自於這種習慣。

秋分（22）

如同春分，秋分這一天白晝與夜晚長度相同。晝夜時間長度相同的情形，一年只有二次。除了日本之外的國家，可以從遺跡上發現，這一天也曾經被視為特別的日子。

【彼岸日】與春天的彼岸日相同，指秋分的前後三天。在秋季的彼岸日，有向佛祖供奉牡丹餅的習俗。這段期間彼岸花開，是弔唁亡者的日子。

本場所（第二個週日～十五日）

東京

與一月、五月的賽事相同，都在東京的兩國競技館舉辦比賽。這一場賽事又稱為秋場所，因為經過漫長的夏季巡迴，獲得大幅成長的力士在本場所發揮實力，或者休息一段時間的力士再度重新登場等大幅變化，總是引起觀眾高度關注，受矚目的程度幾乎是可以把「相撲」列為秋天的季節語彙了。

賞月

農曆的八月十五日、陽曆九月十七日前後，有欣賞「中秋明月」的習俗。又稱十五夜。每個家庭都會供奉月見糯米丸子。除了吃糯米丸子之外，中秋明月又稱「芋名月」，習俗上也會供奉剛採收的芋頭等秋天收成的農作物。

秋季七草

胡枝子、芒草、桔梗、瞿麥、葛花、澤蘭、龍芽草等七種植物並稱「秋季七草」。不同於食用春季七草祈求無病無災，秋季七草大多是觀賞用植物。

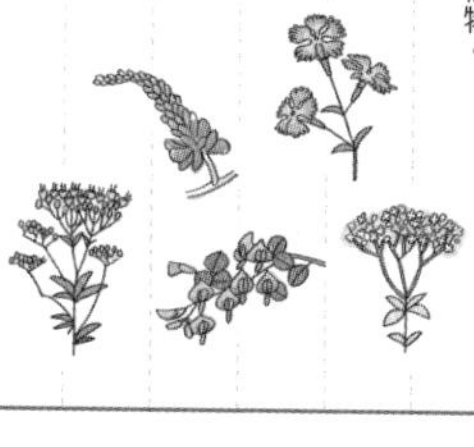

彼岸花

在秋天彼岸時期開的紅色花朵。大多開在田邊或墓地旁。在彼岸時期開始盛開，花期只有短短二週左右。另外，因為彼岸花的球根有毒，兩種特徵都令人聯想到「死亡」，所以被認為是「不吉祥」的植物。

十月（神無月）

其他稱呼／亥之月・盈春・應鐘・亥月

二十四節氣與七十二候

3 **水始涸**（みずはじめてかるる）

8 **寒露**

8 **鴻雁來**（こうがんきたる）

13 **菊花開**

雜節・假日

更衣（十月一日左右）

寒露（十月八日左右）

雁鳥自北方飛來的時節。清晨時，寒冷得連葉片上的露水都結凍。

十三夜（十月中旬）

因為剛好是在中秋月圓一個月之後的時間點，所以也稱為「後月」。與中秋月圓並列美麗月景，廣受喜愛。

相撲・祭典・活動・其他

中山農村歌舞伎舞台（十月上旬）

香川縣小豆群小豆島町

據說是在至今月三百年前的江戶時代中期，由上京參拜伊勢神宮的島民傳回來的習俗。舉辦於十月上旬，由當地居民擔任演員，在春日神社表演歌舞伎。習俗上會帶著便當，邊吃邊欣賞表演。此活動為日本國家指定重要無形民俗文化財產。

風物詩

狩楓紅

觀賞楓葉的活動稱為「狩楓紅」，但實際上並不會攀折樹葉，只是遠遠觀看或者邊散步邊享受楓葉景色。大多可以在山區或寺院神社觀賞。這段時期地面舖滿凋落的楓葉，整條街道都會被染成楓紅的顏色。

案山子

為了趕走出現在水田或旱田的鳥與野獸而設置的稻草人。據說稻草人本來具有讓水田神靈附身的功能。

14	15	16	17	18	19	20	21	22	23	24	25	26	27	28	29	30	31

霜降

蟋蟀在戸
きりぎりすとにあり

霜始降
しもはじめてふる

霎時施
こさめときどきふる

秋土用（20）

與春土用相同，除少數幾天的間日之外嚴禁動土。秋土用時，會吃含有「青・辰」的發音或者藍色的食物，譬如「秋刀魚」或者「白蘿蔔」。

霜降（23）

寒冷的清晨裡，開始降霜的時期來臨，就表示那是要人們準備過冬的訊號。拿出暖桌、火爐，開始準備迎接冬季。楓葉開始轉紅，令人感覺到深深秋意。

秋季巡業（十月上旬～下旬）

秋季巡業從關東地區開始，巡迴到四國、中國地區等地。錯過春季巡業的關東地區相撲粉絲們，此時又有與相撲力士近距離接觸的機會。春季見過面的力士，獲得成長後再度回來，令人感覺到有別於之前的魅力，這種情形很常見。

秋日祭典（十月中）

全國

從祈求豐收、感謝收成的祭典，到消災除厄或集結地方文化的祭典會在日本各地展開。長崎縣長崎市的「長崎舞龍祭」是拉著唐人船遊行，充滿異國風情的祭典。兵庫縣姬路市的「松原八幡神社秋季例大祭」又被稱為「灘頭喧嘩祭」，最精彩的可看之處就是互相猛烈撞擊的神轎。

野山錦

這個詞彙形容到了秋天，荒山草木轉變成紅色或黃色的樣子宛如錦緞，表達出秋天華麗的模樣。

黃落

意指樹木的果實與葉子轉黃，並落在地面上。代表性的植物有銀杏與麻櫟樹等樹木。

釣瓶落

相對於日照時間長的夏季，秋天一到傍晚馬上就天黑，所以將日照短的秋天景象比喻為「釣瓶落」。「釣瓶」指的是打井水用的水桶。把釣瓶丟進井裡，馬上就會掉下去。是非常簡潔的秋景比喻詞彙。

十一月（霜月）

其他稱呼／一陽・雲半・鴨月・神樂月・雪見月・神歸月

1 2 3 4 5 6 7 8 9 10 11 12 13

二十四節氣與七十二候

楓蔦黃（もみじつたきばむ）

立冬

山茶始開（つばきはじめてひらく）

地始凍（ちはじめてこおる）

雜節・假日

文化日（3）

十一月三日頒布日本憲法。以「愛好自由與和平，致力推行文化的日子」訂定為國定假日。這天會在宮廷中選出對文化發展盡心盡力的人。被選出來的人，能夠獲得天皇頒發的「文化勳章」。這段期間，日本各地都會舉辦與文化有關的活動。

相撲・祭典・活動・其他

花祭（十一月上旬～三月上旬）

愛知縣北設樂郡東榮町

據說是在鎌倉時代到室町時代期間，由熊野的修道者與加賀白山的僧侶傳下來的祭典。每年十一月上旬到三月上旬，在町內十一處徹夜跳四十種左右的舞蹈。有各種精彩的活動可以觀賞，像是「鬼舞」、由孩童表演的「花舞」、在觀衆身上澆淋鍋中熱水的「湯囃子」。此祭典為日本國家指定重要無形民俗文化財產。

風物詩

洗蘿蔔

為了製作蘿蔔的醃漬食品，必須把剛從田裡拔起來的蘿蔔浸泡在冰冷的井水或河川中洗淨泥土，再用棕刷用力刷除汙垢。使用能夠冰透蘿蔔的冷水，讓蘿蔔呈現雪白的美麗樣貌。

30 29 28 27 26 25 24 23 22 21 20 19 18 17 16 15 14

小雪

金盞香
きんせんかさく

虹藏不見
にじかくれてみえず

朔風拂葉
きたかぜこのはをはらう

七五三（十一月十五日左右）

三歲的男孩女孩／滿二歲的時候舉行。原本是結束「剃髮儀式」的儀式，所以本來只有女孩參加。五歲的男孩／滿四歲的時候舉行。男孩為主角，從這個歲數開始就必須穿著正式禮服，因此會舉行「著袴禮」。七歲的女孩／滿六歲時舉行。以女孩為主角的活動，又稱為「解帶禮」，意指從兒童用的腰帶換成大人用的腰帶。

勤勞感謝日（23）

二戰前的這一天，為了慶祝秋收，天皇會向神明致上謝意，供奉新米與新酒，舉辦「新嘗祭」的儀式。現在則以「勤勞感謝日」的形式訂定為國定假日。

亥子祝（第一個亥日）

農曆十月又稱為「亥月」。日本受到中國認為豬意喻多子，可祈求子孫滿堂的觀念影響，發展成為了防止疾病、祈求子孫滿堂的祭典。該祭典還有製作麻糬的習俗。

本場所（第二個週日～十五日）

福岡

該年度最後的本場所賽事。於福岡的博多舉辦。這場賽事是最充滿當地熱情的比賽，從本場所開始前幾天就有前夜祭，會介紹當地出身的力士或者舉行歌唱大會，是能夠讓人看到相撲力士另一面的珍貴活動。藉此活動能夠拉近力士與觀衆之間的距離。

酉市（十一月～十二月中）

全國

在十一月的酉日，日本各地神社會舉行祭祀日本武尊的祭典。有一說認為祭典起源於日本武尊在酉日逝世。酉日大約每十二天循環一次，因此每年舉行的次數都不一樣，分別稱為二酉、三酉。熊手是能招來好運的吉祥物。很多人會為了祈求生意昌隆而參加祭典。

返花

指溫暖的天氣持續一段時間，花朵誤以為春天到來，所以開了不合時節的花。有時會在櫻花或杜鵑等植物上看到這種現象。又被稱為「狂花」、「忘花」。本來在秋天無法見到的花朵，撫慰了人心，讓人感覺到宛如春日的溫暖。

【山吹花】山吹指本來是春天的花，但是秋季若維持穩定的天氣一段時間，花朵就可能會再開。

十二月（師走）

其他稱呼／弟月・茶月・限月・窮月・健丑月・嚴月・極月

1 2 3 4 5 6 7 8 9 10 11 12 13

二十四節氣與七十二候

2 橘始黃 たちばなはじめてきばむ

7 **大雪**

7 閉塞成冬 そらさむくふゆとなる

12 熊蟄穴 くまあなにこもる

雜節・假日

大雪（7）

山頂積雪，北風呼嘯降下大雪的日子。熊等動物開始準備冬眠。各地陸續開始出現降雪預報。

相撲・祭典・活動・其他

秩父夜祭（十二月上旬）

埼玉縣秩父市

有文獻記載，此祭典曾經存在於江戶時代的一六六一～一六七二年間。於十二月上旬舉行，為秩父神社的例行大祭典，雕刻華麗的神轎具有壓倒性的存在感。神轎設置在舞台上，還會搭配當地的歌舞伎表演。另外，冬天夜空裡的煙火也是精彩活動之一。此祭典為日本國家指定重要無形民俗文化財產。

風物詩

冬座敷

指關上格子門與紙門，防止暖空氣散出的房間。房間正中央大多被有暖桌或火盆等取暖的工具。但這些工具都無法暖背，所以在冬座敷裡通常都會穿著半纏棉襖保暖。

14 15 16 17 18 19 20 21 22 23 24 25 26 27 28 29 30 31

冬至

鱖魚群
さけのうおむらがる

乃東生
なつかくれくさしょうず

麋角解
おおしかのつのおつる

冬至的活動

指一年當中白晝最短的一天。過了這一天，白晝的時間就會慢慢變長，開始邁向春天。習俗上會泡柚子澡或吃南瓜補充元氣。

【柚子澡】冬至這天在浴缸裡放柚子，祈求身體健康。

【冬至南瓜】為了祈求從冬至隔天開始運勢越來越好，所以吃發音中「N」的食物據說能帶來好運。（南瓜的日文發音為NANKIN）

【一陽來復】過了冬至，太陽就會恢復力量，所以運氣會越來越好。

冬至（22）

天皇誕辰（23）

聖誕節（25）

耶穌基督的誕辰。基督教國家遵從基督教教義，在這一天會感謝上天賜予相遇的緣分，與家人一起度過。在日本則變成情侶的活動之一。

冬巡業（十二月上旬～下旬）

十二月中旬到下旬舉辦的巡迴賽。像平常一樣，練習可開放參觀。每個相撲部屋都會在十二月舉辦搗麻糬的例行活動。拿著搗杵的力士與翻麻糬的力士互相喊聲，把麻糬搗好。力士搗的麻糬稱為「力麻糬」，被認為是吉祥的食物。

年末的職場習俗（十二月中）

全國

忘記該年發生的慘事或辛勞，稱為「忘年」，為了能夠對那些沉重的話題一笑置之，聚集工作上相關的人，舉辦一場名為「忘年會」的宴會。另外，職場上會舉辦「納會」或「工作納會」的活動，慰勞大家整年的辛勞。

風花

意指入冬之後，晴朗的空中開始降下宛如花瓣的飄飄雪花。或者風吹在地面的積雪上，使得雪花輕飄飄從地面浮起，也可以稱為風花。

冬將軍

遠征俄羅斯的拿破崙，因為氣候嚴寒而敗退，英國的記者用：「拿破崙敗於霜將軍之手。」的方式描述這件事。傳到日本之後就演變成「冬將軍」這個稱呼。

過年的準備

為了迎接新年的歲神，習俗上要先做好各種準備。

〈活動〉

事始

因為開始準備元旦迎歲神，故稱為「事始」。在關東地區，十二月八日這天為事始日，所以又稱為「事八日」而關西則是從十三日才開始。會有迎松、拂煤、準備鏡餅等活動。

過年的除穢儀式

與「夏季除穢」並稱為「大除穢」，都在神社舉辦儀式。如同「夏季除穢」一樣，都是除去半年份的穢氣，只要撫摸紙人並在上面吹氣，紙人就會變成替身，將紙人投入河川或大海，象徵淨身的儀式。

拂煤

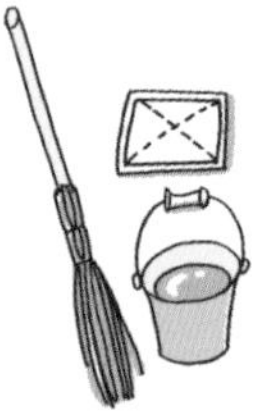

為了迎接神明而進行的特殊清潔。為祈求五穀豐收，必須招待在元旦來訪的神明。打掃天花板與牆壁等平時不會清潔的地方，準備讓神靈依附的鏡餅，打掃神龕與佛壇。

迎松

拂煤結束之後，會前去收集正月要用來當門松的松木。以前負責正月各項活動的男性稱為「年男」，被視為神聖樹木的松木，過去都是由年男從立於吉位的山上帶回來的。

〈活動〉

羽子板市

這是販售女性吉祥物羽子板的商店市集。據說從江戶時代就已經開始，在寺廟等地販售。當時羽子板會畫上受歡迎的歌舞伎演員，是具有除魔功能的吉祥物。

搗麻糬

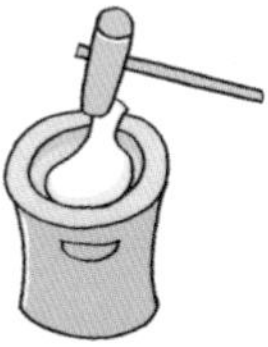

為了供奉歲神而準備的搗麻糬。搗好的麻糬供奉給歲神，祭祀結束之後再享用具有歲神力量的麻糬。

歲末送禮

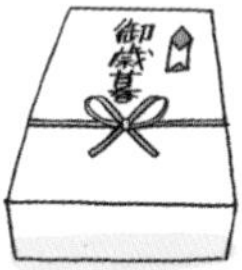

據說這項習俗源自於迎新年時，供奉給歲神與祖先的供品。懷抱感謝之意，致贈禮品給平常關照自己的人。一般而言都會在十二月二十五日之前送完。

過年蕎麥麵

誕生於江戶時代的風俗。過去曾經被稱為「三十日蕎麥麵」，是月底時享用的食物，而這個習慣變成在除夕這天吃蕎麥麵的習俗。也具有祈求健康長壽的涵義。

除夕夜的鐘聲

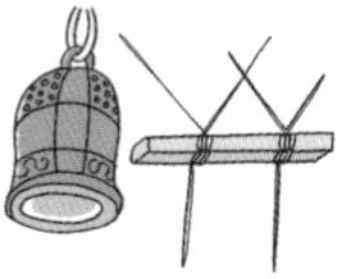

意指在除日敲響的鐘聲。除日就是指除夕那一天。佛教認為人有一百零八種煩惱，為了消除眾生煩惱，所以要敲響鐘聲一百零八次。

除夕

每個月的月底稱之為「晦日」，十二月底則稱為「大晦日」（也就是除夕）。也稱為「大晦」。大掃除結束之後，一家人準備迎接歲神到來。

擇日與人生中的重要時期

判斷吉凶，在人生中的重要時期慶祝或除穢。一切都是為了讓人過得幸福快樂的習俗。

以六種日期來確認吉凶

六曜是在十四世紀左右從中國傳至日本，以占卜吉凶的方式發展成曆法。其結構由六種日期組成，吉日適合喜慶、凶日適合喪弔。先勝表示趁早進行事物較有利，但下午就開始轉凶。友引表示早上與傍晚為吉時，但晚上會轉凶。先負表示早上為凶，下午為吉。佛滅表示不利於所有事情。大安則是與佛滅相反的吉日。赤口表示不利於所有事物，但只有正午為吉時。

連續三年都要除厄運

到了一定的年齡就會遭逢厄運，像這種人生中的重要時期就被稱為厄年。這是基於日本的陰陽道所訂出的年份。習俗上，可以透過到神社消災解厄、在身上帶著有解除厄運功能的東西、設宴招待朋友等方法來解除厄運。大多是以虛歲為判斷基準，依照地區不同，也有些地方用實歲計算。另外，厄年以前厄、本厄、後厄組成，總共會連續三年。除此之外，厄年也可以寫成「役年」，表示已經到了在社會中擔任重要角色的年分。

祝賀長壽 ①

家人一起敬祝的喜事

慶祝人生的重要時期，同時也要感謝神明賜予長壽。這是奈良時代就從中國傳至日本的喜慶習俗，當時平均壽命短，所以四十歲就已經算長壽。現代則是從還曆才開始慶祝長壽。出生年的天干地支循環一周，又回到同一年就稱為還曆。之後依序還有古稀、喜壽、傘壽、米壽、卒壽、白壽、百壽、茶壽、皇壽等主要祝壽時期。大多數人會選擇在正月或生日與家人友人一起慶祝，而歲數的計算基準則分為實歲與虛歲兩種。

祝賀長壽②

在尊重本人意願的前提下祝壽

以十干十二支顯示的曆法，剛好六十年週期。這就是所謂的還曆。在曆法上代表人生再度開始，但現在很多人即便六十歲也還在工作，因此也有人不會特別慶祝還曆。另外，還曆也有贈送紅色背心的習俗，不過這還是要確認本人的意願才行。還曆之後仍有慶祝長壽的日子，其名稱通常都與文字或數字有關。譬如白壽（九十九歲）就是從「百」刪除一橫才變成「白」。

占卜籤

大吉

平時若遵循傳統的良好禮節，將會在今天獲得好評。不僅廣受不同年齡層的人喜愛，夢想也會實現。現在就是向下一個階段挑戰的絕佳時機！

中吉

因彬彬有禮使人心情愉悅，將會獲得良好的評價。良緣接踵而至，想必能度過充實的時光。你的計劃一定會獲得周圍的人協助。

小吉

日常行為舉止優雅，能獲得旁人信賴。就算失敗，正直的你也不會因此有負評。時時莫忘微笑與感謝。

金　時

來占卜今日運勢吧！

末吉

每天一點一滴的累積，必定能成為一條確切的道路。用心關注四季更迭的喜悅吧！想必您一定能發現意想不到的幸福。

凶

多一道將無形想法化為具體行動的手續，就能打開封閉的心。用心準備信或者禮物，送給想重修舊好的對象吧！想必一定能心想事成。

抽籤的禮儀

習俗上，必須將讀完的籤詩綁在神社境內的樹枝上。就算抽到凶籤，也能消災解厄。吉凶往往交互而來，所以不需要再抽一次。

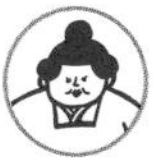

和 OHAGIYAMA 一起學 日本的風俗禮儀

本書出現過的禮儀相關用語
依照五十音的順序排列如下

與OHAGIYAMA一起學的風俗禮儀永遠不滅！

陀螺轉轉轉！

OHAGIYAMA和晚輩力士一起打陀螺。

元旦這天，重相部屋裝飾著門松與鏡餅，

看起來比平常更豪華。

今天也不用練習。

美味的屠蘇酒和年菜料理，

都靠師娘充分發揮料理技巧準備。

「日本的正月真好啊！」學弟說。

「日本的正月真的很棒，對吧！」OHAGIYAMA說。

一過正月，就要面臨第一場比賽。
第一場比賽的觀眾會比平常更多，
大家都會來觀看等同祭神儀式的相撲。

對 OHAGIYAMA 而言，
今年也是晉級大關力士非常重要的一年。
想必他一定能發揮訓練的成果，順利晉級吧！
今後，OHAGIYAMA 也會繼續重視「日本的風俗禮儀」並在相撲這條路上努力不懈。

若能承蒙各位陪著 OHAGIYAMA 一起做夢並且永遠支持他，將會是我的榮幸。非常感謝各位。

相撲監修
十枝慶二

1966年生，東京人。大學時期隸屬相撲社團。曾任BASEBALL MAGAZINE SHA Co., Ltd.《相撲月刊》總編輯，後轉為自由工作者。現在也執筆該雜誌〈讓相撲觀戰更有樂趣　相撲技巧的世界〉、〈業餘相撲向前衝！〉（採訪業餘相撲的紀錄）等專欄。

TITLE

相撲君大玩日本風俗禮儀

STAFF

出版　瑞昇文化事業股份有限公司
編者　朝日新聞出版
譯者　涂紋凰

總編輯　郭湘齡
責任編輯　黃美玉
文字編輯　徐承義　蔣詩綺
美術編輯　陳靜治
排版　陳靜治
製版　明宏彩色照相製版股份有限公司
印刷　桂林彩色印刷股份有限公司
　　　紘億彩色印刷有限公司

法律顧問　經兆國際法律事務所　黃沛聲律師

戶名　瑞昇文化事業股份有限公司
劃撥帳號　19598343
地址　新北市中和區景平路464巷2弄1-4號
電話　(02)2945-3191
傳真　(02)2945-3190
網址　www.rising-books.com.tw
Mail　resing@ms34.hinet.net

初版日期　2017年9月
定價　300元

ORIGINAL JAPANESE EDITION STAFF

イラスト（おはぎやま）
西東（nombre）　http://saito3110.jp/

イラスト（説明イラスト）
福田玲子

デザイン
漆原悠一、中道陽平、松本るい（tento）

編集
若狭和明、加藤風花（スタジオポルト）
塚本佳子、しらくまももこ

企画・編集
鈴木晴奈（朝日新聞出版 生活・文化編集部）

國家圖書館出版品預行編目資料

相撲君大玩日本風俗禮儀 / 朝日新聞出版編著 ; 涂紋凰譯. -- 初版.
-- 新北市 : 瑞昇文化, 2017.09
192　面 ; 12.8 X 18.5公分
ISBN 978-986-401-192-6(平裝)

1.風俗 2.禮儀 3.日本

538.831　106013626